스피노자 vs 라이프니츠

세창프레너미Frenemy 009

스피노자 vs 라이프니츠

초판 1쇄 인쇄   2021년 3월 18일
초판 1쇄 발행   2021년 3월 25일

—

지은이   서정욱
펴낸이   이방원
편 집   정조연·김명희·안효희·정우경·송원빈·최선희·조상희
디자인   양혜진·손경화·박혜옥   **영 업**   최성수

—

펴낸곳   세창출판사
　　　　　신고번호 제300-1990-63호   주소 03735 서울시 서대문구 경기대로 88 냉천빌딩 4층
　　　　　전화 02-723-8660   팩스 02-720-4579   이메일 edit@sechangpub.co.kr   홈페이지 http://www.sechangpub.co.kr
　　　　　블로그 blog.naver.com/scpc1992   페이스북 fb.me/Sechangofficial   인스타그램 @sechang_official

—

ISBN   979-11-6684-012-8   93160

세창프레너미Frenemy 009

스피노자

vs

라이프니츠

서정욱 지음

세창출판사

내비게이션'과' 자유

샤머니즘을 믿는 사람 중에는 새나 나비로 다시 태어나는 것을 원하는 경우가 있습니다. 두 발 외에 다른 교통수단이 없었던 옛날 사람들은 나는 것이야말로 가장 편안하고 안락한 이동 수단이라고 생각했을 것입니다.

> "헤어Herr 서! 운전면허증 있어? 조금 보탰어. 이걸로 운전면허
> 학원 등록해!"

틈틈이 나에게 이런저런 아르바이트를 찾아 주고 일을 시키던 독일 프랑크푸르트의 박순평 님과 김경애 님이 운전면허증을 발급받으라고 임금과 함께 덤으로 더 많은 돈을 주면서 한 말씀입니다. 흔

히 우리는 독일을 자동차의 나라라고 말합니다. 많은 사람이 자동차를 갖고 있는 것은 물론이고 성인이면 누구나 운전면허증을 갖고 있습니다. 하지만 운전면허증을 발급받을 때까지 들어가는 비용이 만만찮아 차일피일 미루고 있다는 내 말을 귀담아 두었던 모양입니다. 두 분께 그 고마운 마음을 그때는 어떻게 다 표현할 수 있었겠습니까?

"헤어 서! 이 자동차 갖고 가서 타고 다녀. 자동차가 있으면 얼마
나 자유로운 줄 알아?"

고맙게도 방학 동안 일을 시키고 학기가 시작하자 임금을 지불하면서 나를 채용해 준 독일 하이델베르크에서 사업을 하시는 양승운 님과 이윤숙 님 부부가 타시던 자동차를 덤으로 주면서 역시 한 말씀입니다. 면허증은 겨우 어떻게 발급받았는데 역시 돈이 문제라 차는 구입하지 못하고 있었습니다.

"이 지도 대신 누가 길 좀 가르쳐 주었으면 좋겠어. 혼자 다닐 때
너무 불편해!"

한눈에 봐도 자동차와 함께한 오래된 지도도 주면서 한 말씀입니다. 그 따뜻한 마음과 고마움이 아직 남아 있습니다. 오늘날 내비게이션을 대신한 것은 우리도 잘 알다시피 조수와 지도였습니다. 비

행기와 선박의 항법장치가 자동차의 내비게이션으로 설치되면서 많은 사람은 자유를 얻었습니다.

철학서에는 '과(와)'로 이어진 저서가 몇 권 있습니다. 현대 철학자 하이데거의 『존재와 시간』, 사르트르의 『존재와 무』가 가장 대표적입니다. 이 두 저서의 제목 중 '와'를 중심으로 앞 개념과 뒤 개념을 살펴봅시다. 일반적으로 '과(와)'는 '공동'이라는 의미가 있는데, 이 두 저서는 그렇지 않습니다. 즉 '과(와)'는 앞뒤 두 개념과 '대립'의 의미로 사용되기도 한다는 뜻입니다.

내비게이션'과' 자유도 마찬가지입니다. 자동차가 주는 자유를 내비게이션이 빼앗아 갑니다. 자유롭게, 편안하게 나선 길을 내비게이션이 좌지우지합니다. 결국 자유를 위해 편리한 내비게이션을 포기해야 할 때도 있다는 의미입니다.

철학'과' 자유

우리는 흔히 스피노자와 라이프니츠를 가리켜 자유로운 철학자라고 말합니다. 자유롭게 철학을 했다는 의미입니다. 이 말 속에는 당시 철학을 했던 사람은 자유롭지 못했다는 말도 포함되어 있습니다. 탈레스부터 소크라테스, 플라톤, 아리스토텔레스에 이르기까지 어느 누구도 철학을 하면서 자유롭지 못했고, 보에티우스를 거쳐 칸트에 이르기까지도 마찬가지였습니다.

하지만 분명한 것은 탈레스부터 모든 철학자가 자유롭게 철학을 하였습니다. 참 양면성이 있습니다. 시대와 장소마다 조금씩 달랐지만 그 자유로운 철학을 하기 위해 무엇인가 크고 작은 대가를 치러야 했습니다. 탈레스는 하녀로부터 조롱을 받았고, 소크라테스는 목숨을 잃었으며, 플라톤은 목숨을 걸고 시칠리아를 탈출해야 했고, 아리스토텔레스 역시 스스로 아테네를 떠나야 했습니다. 뿐만 아니라 칸트도 어쩔 수 없이 총장 취임 예배에 참석해야 했습니다.

그렇다면 스피노자와 라이프니츠는 철학을 하면서 자유로웠을까요, 아니면 그렇지 못했을까요? 두 사람의 행적에서 우리는 자유롭게 철학을 하지 못했다는 결론을 성급하게 내립니다. 스피노자와 라이프니츠 시대는 고대 그리스 시대나 칸트의 시대와는 또 달랐습니다. 스피노자는 암스테르담이라는 그래도 조금은 자유로운 도시에서 렌즈를 깎으며 살았지, 철학은 하지 않았습니다. 라이프니츠는 전 유럽을 다니면서 외교와 정치 그리고 과학을 연구하였지, 역시 철학은 하지 않았습니다.

하지만 이 두 사람이 철학을 했다는 것은 우리 모두 너무나 잘 알고 있습니다. 그리고 그것을 우리는 두 철학자의 자유라고 말합니다. 이런 관점에서 당시 두 사람에게 철학이라는 자유는 외적으로는 다른 것을 하면서 혼자 몰래 숨어서 하는 것이었습니다. 그리고 하나 더 있습니다. 두 사람이 천재라는 것은 차치하고도 주변의 도움입니다. 스피노자는 암스테르담의 암시장과 친구의 도움을 받았습니다. 라이프니츠는 귀족 후견인과 뛰어난 외교 능력을 갖고 있었습니다. 이렇게 두 사람은 항상 철학사에서 비교됩니다.

스피노자 '와' 라이프니츠

여기서 '와'는 대립 관계일까요? 아니면 '공동'이라는 의미일까요? 많은 철학자가 그 답을 이미 해 두었습니다. 하지만 여전히 우리는 그 답을 찾고 있습니다. '내비게이션과 자유', '자동차와 자유'처럼 내비게이션이 자유를 침범하기도 하고 자동차가 자유를 침범하기도 하지만 그 반대일 수도 있습니다. 스피노자 '와' 라이프니츠도 마찬가지입니다. 두 사람은 서로의 삶에 침범하기도 하고, 반대이기도 할 것입니다. 그것을 우리는 두 사람의 만남에서 찾아봅니다. 모두들 이 만남을 세기의 만남이라고 말합니다. 후세 사람들이 그렇게 말할 것을 의식하고 두 사람은 만났을까요?

요즘 인문학의 중요성이 대두되면서 철학의 중요성이 강조되고 철학에서 자유를 찾는 분들이 많습니다. 이때 철학과 자유는 '대립' 관계일까요, 아니면 '공동' 관계일까요? 여전히 답을 찾지 못하고 있을 이 시기에 세창출판사에서 프레너미라는 시리즈를 출판한다는 좋은 소식을 전해 왔습니다. 적이면서 친구인 관계에 있는 철학자가 많습니다. 그중에서 스피노자와 라이프니츠는 그야말로 전형적인 프레너미입니다. 스피노자와 라이프니츠뿐 아니라 '과(와)'로 된 모든 것이 대립인지 공동인지 이 저서를 통해 답을 찾을 수 있다면 정말 좋겠습니다.

저서는 혼자 집필하는 것이 아닙니다. 이 저서가 나오기 전 이미 스피노자와 라이프니츠를 연구하신 모든 선생님께 감사드립니다. 특히 별도로 표시한 참고도서의 저자 선생님과 역·편자 선생님께 감사드립니다. 뿐만 아니라 세창출판사의 이방원 사장님, 프레너미라는 좋은 시리즈를 기획하신 원당희 선생님께 감사드립니다. 그리고 이 책의 편집을 담당해 주신 정조연 선생님께 깊이 감사드립니다.

2021년 3월
서정욱

차례

제1장

스피노자와 라이프니츠, 두 천재 철학자의 삶

frenemy

1

은둔적 삶으로 더욱 빛난 스피노자

1) 유대교 파문이 준 자유

네덜란드가 낳은 위대한 철학자 스피노자는 유대인이다. 대부분의 유대인은 유대교를 믿으며 그들만의 경전과 율법에 따라 사는 사람들이다. 유대교에서는 그들만의 경전이나 율법에 따라 살지 않는 유대인을 잔인할 정도로 가차 없이 그들의 사회에서 몰아낸다. 이렇게 추방된 사람은 유대인 집단과 절대로 접촉해서는 안 되고, 그들로부터 저주를 받으며 동떨어진 생활을 해야 하기 때문에 많은 자유가 박탈된다.

우리의 철학자 스피노자도 그들의 사회로부터 추방된 사람 중 한 명이다. 스피노자도 유대인 집단과 접촉할 수 없었고, 동떨어진 생활을 하면서 많은 자유가 박탈되었다. 하지만 스피노자는 다른 자유, 즉 종교적 자유를 얻었다. 스피노자에게 종교적 자유는 곧 철학 연구의 매진을 의미한다. 이것이 스피노자의 파문에 따른 양면성이다.

유럽의 역사는 13세기부터 시작된 이탈리아의 문예부흥과 16세기 종교개혁으로 새로운 국면을 맞이한다. 이 종교개혁 역시 양면성을 갖는데 하나는 종교가 다양하게 변화했다는 것이고, 다른 하나는 과학 발달에 따른 종교의 몰락이다. 종교의 몰락은 17세기에 이르러 극에 달하고 문화사적으로 근대라는 새로운 시대가 열린다. 스피노자Baruch de Spinoza(1632-1677)[1]와 라이프니츠Gottfried Wilhelm Leibniz (1646-1716)가 바로 이 시기에 활동한 철학자이다.

스피노자는 1632년에 네덜란드에서 태어났지만, 그의 조상이 네덜란드로 오기까지는 스피노자의 삶만큼이나 굴곡져 있다. 스피노자의 아버지 미카엘Michaël de Spinoza(1587-1654)[2]은 포르투갈에서 태어나 프랑스 낭트에서 아버지와 함께 무역상을 하다 1623년경 암스테르담으로 이사 온 것으로 보인다. 미카엘이 암스테르담으로 오기까지 많은 사건이 있었다.

역사적으로 유대인이 자의 반 타의 반으로 이스라엘을 떠나야 했던 디아스포라διασπορά의 역사는 로마 제국이 예루살렘의 유대인을

---

1   라틴어로는 베네딕투스 데 스피노자(Benedictus de Spinoza)이다.
2   또는 미겔(Michael, Miguel)이라고 한다.

추방하기 시작한 70년경부터이다. 특히 392년 테오도시우스 황제가 그리스도교를 국교로 정하면서 유대인은 시기와 장소에 구애받지 않고 전 유럽으로 흘러들어 간다. 그중에서도 이베리아반도와 북아프리카로 이주하여 살던 유대인은 살아남기 위해서 어쩔 수 없이 강제로 가톨릭으로 개종하여 새로운 그리스도교를 만들었다. 이것이 바로 세파르디 유대인sephardische juden이다. 세파르디 유대인 중에는 새로운 그리스도교를 가장해 유대교를 믿으면서 살던 사람도 있었다. 스피노자의 선조도 여기에 속하였다.

세파르디 유대인은 스페인과 포르투갈에서 큰 문제 없이 살고 있었다. 그러나 이사벨 1세Isabel I(1451-1504)와 그의 남편 페르난도 2세Fernando II(1452-1516)는 스페인을 함께 통치하면서 1492년 스페인에 남아 있던 무어인의 이슬람 국가 그라나다를 정복하였다. 이때 이베리아 종교재판소는 세파르디 유대인이 한 개종에 대해 그 진실성을 의심하고 고문과 박해를 시작했다. 이로 인해 스피노자의 할아버지와 형제들은 포르투갈을 떠나 프랑스의 항구 도시 낭트로 이주하여 무역업을 시작하였다.

서른네 살쯤 미카엘은 암스테르담에서 무역업을 하고 있던 삼촌을 찾아간다. 네덜란드는 유대인에게 조상의 종교를 지킬 기회를 제공했기 때문에 많은 유대인이 이미 그곳에 정착해 살고 있었다. 미카엘의 아버지와 함께 포르투갈을 떠난 삼촌은 먼저 암스테르담에 와서 무역업을 하고 있었고, 그에게는 라헬Rachel(?-1627)이라는 딸이 있었다. 미카엘은 바로 사촌인 라헬과 결혼하기 위해 암스테르담에 간 것이다.

물론 네덜란드 사람들이 모두 유대인을 환영한 것은 아니다. 특히 홀란드 지역의 보수주의자는 당연히 반대했지만 국가에서 정한 일이라 어쩔 수 없이 이들을 받아들였다. 세파르디 유대인은 주로 하우트흐라흐트Houtgracht 지역에 거주하면서 야곱의 집Beth Ya'acov, 평화의 집Neve Shalom, 그리고 이스라엘의 집Beth Israel이라는 공동체를 갖고 있었다. 세파르디 유대인은 이 세 공동체 중 한 곳에는 의무적으로 소속되어야 했다. 스피노자 집안도 예외 없이 이곳에서 거주하면서 야곱의 집에 속해 있었다. 미카엘은 야곱의 집을 대표하는 대표자 중 한 사람으로 활동하였다.

이 세 공동체는 나중에 탈무드 토라Talmud Tora로 바뀌었고, 마아마드ma'amad라는 기구가 세파르디 유대인 공동체를 관장했다. 훗날 스피노자가 유대교로부터 파문당할 때 이 마아마드의 대표자들이 스피노자의 행적을 뒤져 파문에 필요한 모든 내용과 자료를 작성하였다.

미카엘은 결혼을 위해 암스테르담에 왔지만, 안타깝게도 라헬은 아기를 낳지 못했다. 1632년 11월 24일 미카엘은 두 번째 부인 한나 데보라Hanna Debora Senior(?-1638)로부터 두 번째 아들을 얻는다. 8일 후 미카엘 부부는 이 아들을 유대인 협회에 히브리어로 '축복받은 자'라는 의미의 바뤼흐Baruch라는 이름으로 출생신고를 했다.[3] 스피노

---

3   집에서는 벤투(Bento)라고 불렸다. 벤투도 바뤼흐와 같은 의미의 포르투갈어 이름이다.

자가 다섯 살에 어머니는 세상을 떠난다. 어린 자식을 둔 미카엘은 1641년 세 번째 부인 에스테르Esther Fernand(1600-1654)를 맞이하였다. 이렇게 미카엘은 3번 결혼하여 세 아들과 두 딸을 두었다.

　스피노자는 다섯 살 때 세파르디 유대인 공동체의 도서관 에츠하임Ets Haim에 등록하면서 유명해지기 시작한다. 이후 스피노자는 탈무트 토라 학교의 장학금을 받으며, 중요 인물로 성장한다. 초등학교에 입학한 스피노자는 『탈무드』를 비롯한 유대인 율법서를 배우면서 본격적인 교육을 받기 시작하는데 히브리어와 유대교 성경도 포함되어 있었다. 교육에 강한 욕구가 있던 스피노자는 학교 교육만으로는 만족할 수 없었지만 더 이상의 교육은 허락되지 않았다. 당시 네덜란드 법에 따르면 유대인은 관직에 나갈 수가 없었기 때문에, 유대인에게는 랍비가 되기 위한 교육만 허락되었다.

　더욱이 갑작스러운 형 이삭Isaak de spinoza(?-1649)의 죽음은 스피노자에게 더 이상의 교육을 허락하지 않았다. 스피노자에게는 교육보다 아버지 사업을 잇는 것이 더 중요했다. 왜 스피노자는 아버지의 사업을 잇기 위해 자신의 학구열을 포기했을까? 어쩔 수 없이 가톨릭 개종이라는 아픈 역사를 갖고 있는 세르파디 유대인이 다 그러하겠지만, 특히 미카엘의 가족에게는 더 굴곡진 삶이 있었다. 미카엘의 어머니는 거짓 개종이 밝혀져 마녀라는 이름으로 화형을 당했다. 미카엘 자신은 세 번 결혼이라는 아픈 가족사를 갖고 있었으며, 그 중 두 번째 부인만 세 아들과 두 딸을 낳았다. 하지만 미카엘은 스페인으로부터 마른 과일을 수입하여 네덜란드에 팔아 이민자 중에서 나름 성공한 사업가이기도 했다. 스피노자는 바로 아버지의 굴곡진 삶을 이해했기에 사업을 잇고자 노력한 것으로 보인다.

하지만 스피노자의 학구열은 단지 가려져 있었을 뿐이었다. 가려진 학구열을 끌어낸 사람이 바로 최고의 스승 판 덴 엔덴Franciscus van den Enden(1602-1674)이다. 다양한 분야에 관심이 많았던 진보주의자 판 덴 엔덴은 스피노자의 교육에 대한 갈망을 충족시키기에 충분한 스승이었다. 그중 최고가 바로 라틴어 수업이었다.

2) 철학과 종교, 조용함과 자유에 대한 사랑

판 덴 엔덴으로부터 라틴어와 진보적인 사상을 배운 스피노자는 데카르트 후기 스콜라철학과 갈릴레이 갈릴레오 이후 과학적 저서를 중심으로 자신의 철학사상을 넓혀 나갔다. 특히 스피노자는 스페인 안달루시아 지방과 북아프리카에서 활동하던 유대인 철학자의 유대 율법서 주석에 관심을 갖고 마이모니데스Moses Maimonides(1135 혹은 1138-1204), 벤 게르손Levi ben Gershon(1288-1344),[4] 이븐 에스라Abraham ben Meir ibn Esra(1092?-1167),[5] 크레스카스Hasdai Crescas(1340-1411) 등을 연구하였다. 결국 스피노자는 유대교에서 금지한 가비롤Solomon ben Jehuda ibn Gabirol(1021 혹은 1022-1070)의 신비철학까지 연구하

---

[4]   Gerson이라고 표기하기도 한다.
[5]   Ezra라고 표기하기도 한다.

고 말았다.

아버지의 사업을 잇고 유대교 랍비가 되기를 원했던 스피노자는 주석자의 글을 통해 답보다 의문만 키웠고, 유대교 율법서에서 더 많은 모순을 발견하고 말았다. 이쯤 해서 스피노자에게 또 한 번의 위기가 찾아온다. 아버지의 죽음이다. 법적인 장남이었던 22살의 스피노자는 어쩔 수 없이 아버지의 사업을 이어야만 했다. 하지만 스피노자는 2년 후 자신의 회사를 법정 관리인에게 맡기고, 자신은 철학 연구에 몰두한다. 그리고 몇 달 후인 1656년 8월 27일 스피노자는 파문cherem당하고 만다.

파문장의 내용은 아주 간단하다. 스피노자를 유대인으로 인정하지 않으니 어떤 유대인도 그와 얘기도 하지 말고 글도 주고받지 말며, 그의 책도 읽지 말라는 것이고, 다음으로는 그를 만나지도 말고 가까이 가지도 말며, 그냥 저주하라는 것이다. 유대인은 이 파문장을 통해 스피노자를 자신의 사회에서 쫓아냈지만, 스피노자의 입장에서는 오히려 유대인 집단이 그에게 마음 놓고 자유롭게 철학 연구를 할 수 있는 기회를 준 것이었다. 기다렸다는 듯이 그는 자신의 이름을 히브리어 바뤼흐와 같은 의미(축복받은 자)인 라틴어 베네딕투스Benedictus로 바꾸었다.

스피노자는 파문을 당하고 4년 정도 지난 1660년, 하숙집 주인이 암스테르담에서 작은 도시 레인스뷔르흐Rhijnsburg⁶로 이사를 하여 함

---

⁶ 현재의 Rijnsburg이다.

께 옮겨 간다. 이 4년 동안 스피노자에게는 많은 일들이 일어난다. 무엇보다 광신 유대교인의 피습 사건이다. 파문을 당한 스피노자는 유대교 입장에서는 악마이며 필요 없는 존재였다. 하여, 어느 광신도가 이런 악마는 이 지구상에서 사라져야 한다며 어두운 밤에 스피노자를 칼로 피습했다. 다행히 스피노자는 가벼운 상처만 입었다.

또 다른 하나의 사건은 여동생과 소송 문제이다. 여동생은 스피노자를 상대로 파문당한 사람은 아버지의 상속권이 없다며 소송을 제기했지만 암스테르담 법정은 스피노자 편을 들어주었다. 하지만 스피노자는 이미 아버지 가업에 전혀 관심이 없었기 때문에 상속권을 포기하고 모든 재산을 여동생에게 양보하였다.

피습 사건과 소송 사건 이후 스피노자는 본격적으로 은둔 생활을 시작한다. 유대 사회에서는 율법학자가 가르치는 것만으로는 생계가 어렵기에 한 가지 기술을 꼭 익히도록 의무화했다. 그리고 네덜란드는 당시 유럽의 어느 나라보다 광학 기술이 발달했다. 율법학자가 되기를 원했던 스피노자는 현미경과 망원경 등에 들어갈 렌즈를 만드는 기술도 함께 습득했다. 은둔 생활을 하면서 스피노자는 본격적으로 낮에는 렌즈를 다듬고 밤에는 철학을 연구하였다.

습득한 기술과 파문 덕분에 암스테르담에서 4년 동안 자유롭게 철학 연구를 할 수 있었던 스피노자는 1661년 레인스뷔르흐에서 그 첫 번째 결과물인 「신, 인간 그리고 인간의 행복에 관한 소고Korte Verhandeling van God, De Mensch en deszelvs Welstand」를 네덜란드어로 완성하였지만, 출판은 19세기에 와서 이루어진다. 이어서 같은 해 『윤리학』집필을 시작한다. 우리가 잘 알고 있듯이 스피노자 생전에 발표된 저서는 두 권뿐이며, 그나마 하나는 익명으로 출판되었다.

레인스뷔르흐로 이사한 후 스피노자는 무척 바쁜 나날을 보낸다. 연구와 렌즈 깎기, 그리고 저술 작업도 상당 부분 이루어졌다. 1661년 혹은 1662년에 저술한 것으로 보이는 『지성개성론Tractatus de intellectus emendatione』[8]은 미완성 유고집이다. 그리고 1663년에는 유일하게 자신의 이름으로 『(기하학적 방법에 근거한) 데카르트의 철학 원리Renati Descartes principiorum philosophiae mori geometrico demonstrata』[9]를 출판한다.

레인흐뷔르흐는 대학 도시 레이던Leiden에서 서쪽으로 불과 10㎞ 정도 떨어져 있었기 때문에, 스피노자는 데카르트 철학을 연구할 뿐 아니라 학생들에게 가르칠 수도 있었다. 그 결과물이 바로 『데카르트의 철학 원리』이다. 하지만 이 결과물이 그에게는 오히려 고통을 가져다주었다. 이 저서가 출판된 이후 스피노자는 데카르트 전문가로 이름을 얻기 시작했다. 사실 스피노자는 유대교 집단으로부터 파문당해 추방당한 사람이고, 그들로부터는 악인으로 낙인찍힌 사람이다. 이런 악인이 데카르트를 전공하고 전문가로 알려진다는 것이 오히려 진정한 데카르트를 추종하고 전공하는 사람과는 불편한 관계로 다가왔기 때문이다. 데카르트 전문가와 스피노자 사이

---

7 독일어로는 Kurze Abhandlung von Gott, dem Menschen und seinem Glück이다.

8 독일어로는 Abhandlung über die Verbesserung des Verstandes이다.

9 독일어로는 Descartes' Grundlagen der Philosophie auf geometrische Weise begründet이다.

의 이런 불편한 관계는 스피노자가 레인스뷔르흐를 떠나는 또 다른 이유가 되어 1663년 레인스뷔르흐보다는 더 큰 도시인 포르뷔르흐 Voorburg로 이주한다.

포르뷔르흐로 이주한 스피노자의 일상에는 아무런 변화가 없었다. 외적으로는 여전히 렌즈를 깎으며 철학 연구에 몰두하였지만, 하루가 다르게 교제의 범위는 넓혀졌다. 스피노자에게는 천직인 렌즈 일 외에 여러 사람의 질문에 답하기 위해 편지를 쓰는 일이 하나 더 생겼을 뿐이었다. 스피노자는 1970년 헤이그Den Haag로 이주하기 전까지 많은 사람과 서신 교환을 통해 자신의 연구 내용을 알렸다.

스피노자는 레인스뷔르흐에서 그랬던 것처럼 헤이그에서도 포르뷔르흐 시기의 연구 결과물을 쏟아 놓았다. 결과적으로 봤을 때 그의 대부분 업적은 포르뷔르흐 시기에 구상했던 것으로 보인다. 하지만 이 시기의 연구 업적은 너무나 위험한 내용이라 출판할 수도 없었고, 되어서도 안 되는 것이었다. 이렇게 스피노자 생전 출판된 두 번째 저서인 『신학정치론Tractatus theologico-politicus』[10]이 익명으로 출판되고 나머지는 모두 유고로 남게 된다.

『신학정치론』이 익명으로 출판된 이유가 분명 있을 것이다. 자유로운 도시 암스테르담을 가진 네덜란드였지만, 이 책의 출판만은 방해하였다. 다행스러운 것은 네덜란드는 중고 서점이 넘쳐났고, 자유로운 출판업자가 많았다. 스피노자의 『신학정치론』은 의학, 혹은

---

[10] 독일어로는 Theologisch-politischer Traktat이다.

역사서로 표지가 바뀌고 저자가 바뀌어 출판되어 중고 서점으로 흘러들었다. 대중에게 인기 있는 이 책을 네덜란드 정부 또한 간과하지 않았다. 결국 1674년 네덜란드 정부는 홉스의 『리바이어던』과 함께 『신학정치론』을 금서목록으로 지정하고 판매를 금지하였다.

『신학정치론』의 인기에 힘입어 독일 하이델베르크대학교는 1673년 스피노자에게 교수 초빙을 제의하였다. 하이델베르크대학교 교수이며 선제후Kurfürst 평의회 회원인 파브리티우스J. Ludwig Fabritius는 1673년 2월 16일 독일 팔츠Pfalz 지방의 선제후 카를 1세Karl I. Ludwig(1617-1680)가 스피노자의 업적을 인정하여 하이델베르크대학교 교수로 초빙하기를 원한다며 스피노자에게 아주 정중하게 교수 초빙을 위한 편지를 보낸다.

선제후는 철학 강의에 대한 완전한 자유를 약속하였다. 하지만 철학의 자유를 통해 팔츠 지방 선제후가 인정한 종교에 대해서 다른 이론을 제시하지 말라는 조건을 달았다. 철학의 자유는 종교의 자유에서 온다고 믿은 스피노자는 1673년 3월 30일 파브리티우스 교수에게 초빙에 관한 거절의 답신을 보낸다. 스피노자는 먼저 교수 초빙을 늘 소망하였지만 철학의 자유가 주는 한계와 팔츠 지방이 인정하는 종교의 자유에 간섭하지 않는 범위를 잘 알지 못하겠다고 답했다. 그리고 스피노자는 현재 누리고 있는 지위보다 더 높은 지위를 원하지 않으며 지금의 조용함과 자유를 사랑하기 때문에 교수라는 공직이 빼앗는 것이 싫다며 정중히 교수 초빙을 거절한다.

스피노자가 교수 초빙 거절의 이유로 주장한 철학과 종교의 관계, 조용함과 자유의 사랑이 무엇인지 우리는 저서의 출판과 관련시켜 알아볼 수 있다. 1663년 『데카르트의 철학 원리』를 출판한 이후, 『지성개선론』은 1662년 저술하였지만 미완성 유고집으로 남겼고, 1670년에 익명으로 출판한 『신학정치론』은 표지까지 바꾸어 가며 출판을 이어 가야 했다. 1661년부터 시작한 『윤리학』은 1677년에 완성되었지만 역시 유고집으로 남았다. 마지막으로 그의 야심작이었던 『국가론Tractatus politicus』[11] 역시 미완의 유고집으로 남게 된다. 이런 일련의 작업을 수행하고 있던 그가 1673년 말한 철학과 종교, 자유와 조용함에 대한 사랑이란 자신의 작업이 끝날 때까지 어떤 외부의 자극이나 공직자로서의 철학에 대한 억압을 피하고 싶다는 의미이다.

조용함을 사랑한 스피노자에게 조용함은 1670년부터 헤이그의 삶에서는 찾아볼 수 없다. 스피노자의 사상이 알려지면서 더 많은 사람과의 교제가 이어졌다. 그의 철학을 사랑한 많은 사람이 후원자를 자처하면서 렌즈 깎기를 그만두고 철학 연구에만 몰두할 것을 부탁하기도 하였다. 그러나 스피노자는 어쩔 수 없이 받은 후원금은 동생 가브리엘에게 주고 생활에 꼭 필요한 후원금 정도만 받았다. 이것이 스피노자의 자유이다. 남의 돈을 받는 순간 그 사람을 위해 그만큼 자신의 시간을 쪼개야 한다. 스피노자는 오히려 그 시간을 자신을 위해 썼다. 후견인이 없었기 때문에 『윤리학』이 나올 수

---

[11] 독일어로는 Abhandlung über den Staat이다.

있었고, 『신학정치론』이 금서목록에 올랐어도 후견인에게 갈 피해가 없었기 때문에 스피노자는 걱정하지 않았다. 이것이 그의 자유이며 조용함이었다.

스피노자가 조용함과 자유를 사랑한 것은 파문 이후부터 계속 이어지고 있음을 우리는 그의 저서 『윤리학』을 통해 알 수 있다. 1661년 레인스뷔르흐에서 시작된 이 저서는 5년 후 포르뷔르흐에서 완전히 탈고된다. 사실 스피노자는 『윤리학』을 출판하려 했다. 하지만 쿠르바흐Adriaan Koerbagh(1633-1669) 사건이 일어났다. 암스테르담의 의사이며 철학자였던 쿠르바흐는 스피노자와 비슷한 신에 대한 생각을 1664년과 1668년에 두 권의 저서로 발표하였다. 이 저서 때문에 쿠르바흐는 1668년 10년 형을 선고받고 복역 중 1년 만에 사망한다. 이런 상황 속에서 스피노자는 자신의 『윤리학』을 출판할 수 없었던 것이다.

스피노자의 『신학정치론』이 금서목록에 오른 다음 해인 1675년 네덜란드 정치 상황은 조금 달라졌다. 스피노자는 과감하게 『윤리학』을 출판하기 위해 암스테르담으로 향했다. 스피노자의 움직임만으로 네덜란드 정부는 긴장했다. 암스테르담에 머무는 동안 스피노자가 신이 없다는 주제로 저술한 책이 곧 출판될 것이라는 소문이 돌고 있었고, 일부 사람은 이 소문을 진짜로 믿고 있었다. 친구로부터 이 사실을 들은 스피노자는 더 이상 『윤리학』을 출판할 수 없었다.

헤이그로 돌아온 스피노자는 1675년 소논문 「무지개에 관한 대수학적 계산Stelkonstige Reeckening van den Regengoog」[12]과 「우연의 계산Reeckeing van Kanssen」[13] 이렇게 두 편을 서술한다. 그리고 미완성 유고로 남은 『국가론』을 저술하기 시작한다.

스피노자에게 항상 나쁜 일만 일어난 것은 아니다. 1676년에는 너무나 좋은 일이 일어난다. 그렇게 기다리던 라이프니츠의 방문이다. 1672년 루이 14세를 설득하기 위해서 파리로 파견된 라이프니츠는 하노버로 돌아가던 도중 헤이그에 들렀다. 두 사람은 1671년 10월 5일부터 편지로 자신들의 사상을 나누었다. 라이프니츠는 스피노자를 방문하겠다고 약속했고, 5년 후 그 약속은 지켜졌다. 두 사람은 『윤리학』에 관한 내용에 대해 얘기하였다.

라이프니츠를 만난 다음 해인 1677년 스피노자뿐 아니라 주위의 모든 사람이 그의 삶이 얼마 남지 않았다는 것을 알았다. 폐병은 스피노자 어머니 집안의 병력이었다. 가족력과 그의 생활은 그의 삶을 더 악화시켰다. 스피노자는 1677년 2월 21일 주치의 메예르Lodewijk Meyer(1629-1681)의 품에 안겨 조용히 생을 마감한다.

스피노자는 자신의 저서만은 끝까지 포기하지 않았다. 출판해야 한다는 강박관념이 늘 그를 억눌렀다. 스피노자는 자신을 잘 이해해 준 하숙집 주인에게 원고를 넣어 둔 서랍 열쇠를 맡겼다. 고맙게도 이 주인은 스피노자가 죽은 후 암스테르담의 출판업자 리우베르

---

[12] 독일어로는 Algebraische Berechnung des Regenbogens이다.

[13] 독일어로는 Berechnung von Wahrsceinlichkeiten이다.

츠Jan Rieuwertz에게 원고를 넘겨주었다. 이렇게 하숙집 주인과 리우베르트스의 도움으로 스피노자의 유고집과 미완성 유고집이 12월 출판되었다.

스피노자에 대한 애도의 물결은 대단했다. 44세로 너무나 짧은 삶을 산 스피노자의 지혜를 사랑하고 존경한 많은 사람이 종교를 떠나 그의 순수하고 순박한 삶을 애도했다. 항상 온화했던 그의 태도에 감동한 서민과 정치인, 유대교를 포함한 모든 종교인이 그가 가는 길과 함께했다. 스피노자는 자신의 소속 단체로부터 파문당했지만, 오히려 철학과 종교의 자유를 얻었고, 조용함을 사랑하여 진정한 자유가 무엇인지 실천으로 보여 주었던 진정한 철학자이다.

2
천재 라이프니츠의 성공적인 삶

1) 아버지의 서재에서 즐거움을 찾은 천재

고트족의 지도자 오도아케르Odoacer(433-493)가 476년 서로마 황제 로물루스 아우구스툴루스Romulus Augustulus(재위 475-476)를 폐위시킨 후, 스스로 로마 황제 지위를 포기하고 초대 이탈리아 왕이 되었을 때를 유럽사에서는 '게르만족이 로마 제국을 멸망시켰다'라고 한다.

서로마 제국이 멸망한 이후 유럽은 여러 민족으로 나뉘었지만 로마 교황의 지위는 보장되었다. 특히 독일의 오토 1세Otto I(912-973)는 로마 교황의 지위를 공고히 해 준 덕분에 로마 교황청에서 황제의 대관식을 치를 수 있었다. 황제가 된 오토 대제는 신의 뜻에 따라 로마 제국의 부흥이 이루어졌다고 선언하고 '신성 로마 제국'이라는 새로운 제국 명칭을 사용한다.

신성 로마 제국은 주변의 국가와 민족을 흡수하며 서로마 제국의 뒤를 이을 정도로 거대해졌다. 신의 뜻에 따라 움직이는 제국이기 때문에 신의 권력도 만만찮았다. 아무리 신의 권력이라지만 권력이 강해지면 어딘가 썩는 곳이 생기는 것은 당연한 이치이다. 결국 1517년 독일의 젊은 신부 마르틴 루터가 가톨릭 교회의 부패와 타락을 비판하고 나섰다. 이렇게 종교개혁은 조용히 이루어졌다. 하지만 신의 권력이 강했기 때문에 황제를 비롯한 군주는 교회의 눈치만 보고 있었다. 뿐만 아니라 신성 로마 제국에 속한 많은 나라에서 전제군주와 봉건영주가 정치를 하고 있었기 때문에 상황은 더 복잡했다.

문제는 전제군주보다 봉건영주에게 있었다. 일부 영주는 루터의 생각에 동의하고, 또 일부 영주는 반대하였다. 결국 봉건영주는 루터의 생각과 제국의 생각을 놓고 결정을 할 수 없어 신성 로마 제국의 입장을 달라는 항의문을 황제 카를 5세Karl V(1500-1558)에게 제출하였다. 하지만 카를 5세는 프랑스와 전쟁으로 바쁜 나날을 보내고 있었기 때문에 즉각적인 답을 주지 못했다. 오늘날 개신교를 뜻하는 프로테스탄트Protestant는 바로 이 '항의' 혹은 '이의신청'인 프로테스트Protest에서 나온 말이다.

결국 교황청의 입장에 선 전제군주와 그 전제군주에 대립각을 세운 일부 봉건영주 간에 충돌이 예상되었다. 뿐만 아니라 국가의 종교정책을 지지하는 봉건영주와 반대하는 봉건영주 간의 대립도 피할 수 없었다. 여기에 강한 군주국이 개입하면서 전쟁으로 번졌다. 신성 로마 제국의 페르디난트 2세가 보헤미아의 개신교도들을 탄압하면서 루터의 입장이 정리되지 않은 채 1618년 신성 로마 제국의 가톨릭교도와 개신교도 간에 전쟁이 시작되었다. 잠시 끝나고 말 줄 알았던 전쟁은 무려 30년이나 이어졌고, 이것이 최초의 국제 전쟁인 30년 전쟁이다. 예상과 다르게 덴마크, 스웨덴, 그리고 프랑스가 전쟁에 참여하면서 독일은 결국 1648년 베스트팔렌조약으로 전쟁을 끝낼 수밖에 없었다. 이 조약에 따라 네덜란드와 스위스는 스페인과 오스트리아로부터 독립할 수 있었다. 그리고 프랑스와 스웨덴은 영토를 늘렸다. 가장 중요한 것은 루터파와 칼뱅파가 신앙의 자유를 얻은 것이다.

1646년(30년 전쟁이 끝나기 2년 전) 우리의 천재 철학자 라이프니츠가 독일의 라이프치히에서 태어난다. 라이프니츠의 아버지 프리드리히Friedrich Leibnütz(1597-1652)는 독실한 루터파 개신교 신자로 경건주의자였다. 우리는 여기서 스피노자의 아버지 미카엘과 프리드리히를 비교해 볼 수 있다. 미카엘은 사업가로서는 성공적인 삶을 살았지만, 가장으로서는 가슴 아픈 일을 많이 겪었다. 프리드리히도 미카엘과 마찬가지로 학자로서는 성공적인 삶을 살았지만, 가장으로서는 많은 아픔을 가졌다는 공통점이 있다.

프리드리히의 성은 '라이프니츠Leibniz'가 아니라 '라이프뉘츠Leibnütz'이다. 프리드리히는 알텐베르크Altenberg에서 판사 출신의 세무 전문가인 아버지와 귀족 출신의 어머니 사이에서 태어난다. 그는 김나지움에 입학하기 위해서 1612년 고향을 떠나 마이센Meißen으로 간다. 그리고 6년 후 라이프치히대학교에 입학하기 위해서 라이프치히로 옮긴다. 프리드리히는 당시 대부분의 다른 대학생과 마찬가지로 입주 가정교사로 학생을 돌보면서 대학교를 다녔으며, 대학교에서는 철학과 법학을 전공한다. 1628년부터 프리드리히는 라이프치히대학교 철학과에 도덕철학Moralphilosophie 교수로 초빙된 이후 학장, 교수회 부회장 등을 역임하면서 학자로서 완벽한 삶을 산다.

프리드리히의 가정사는 학문적인 삶만큼 단란하지 못했던 것으로 보인다. 프리드리히는 28살에 역시 학자의 딸인 안나Anna(?-1634)와 첫 번째 결혼식을 올린다. 부부 금실이 좋았던 두 사람은 여섯 명의 자녀를 둔다. 그러나 그중 네 명은 어릴 때 세상을 떠난다. 그리고 안나마저 1634년 장남과 막내딸만 남기고 세상을 떠난다. 프리드리히는 2년간 홀아비 생활을 마치고 1636년 도로테아Dorothea(1599-1643)를 아내로 맞아 두 번째 장가를 간다. 도로테아의 아버지는 라이프치히에서 서점을 경영하였다. 두 사람의 결혼 생활은 7년간 이어졌지만, 안타깝게도 도로테아는 아기를 낳지 못하고 프리드리히보다 먼저 죽는다.

다음 해 프리드리히는 카타리나Catharina(1621-1664)를 맞아 세 번째 결혼을 한다. 카타리나는 라이프치히대학교 법학 교수 슈무크Wilhelm Schmuck(1575-1634)의 딸로 아주 영리하고 신앙심이 깊었다. 카타리나는 우리의 천재 철학자 라이프니츠를 먼저 낳고 2년 후 딸 안나 카타리나Anna Catharina Leibnütz(1648-1672)를 낳는다. 안나 카타리나는 신학자 뢰플러와 결혼하여 아들 프리드리히 시몬Friedrich Simon Löffler(1669-1748)을 낳는다. 나중에 루터교 신학자가 된 프리드리히 시몬은 우리의 천재 철학자 라이프니츠의 유일한 상속자가 된다.

스피노자의 아버지 미카엘과 라이프니츠의 아버지 프리드리히는 세 번의 결혼이라는 공통점과 자신보다 먼저 세상을 떠난 자식을 두었다는 공통점이 있다. 사회적으로는 성공적인 삶을 살았던 이 두 사람이지만, 가정적으로는 많은 아픔을 견뎌야 했다. 뿐만 아니라 둘 다 슬하에 천재 철학자를 둔 것 또한 공통점이라면 공통점이라 할 수 있다.

우리는 스피노자와 라이프니츠의 이름과 성에 대해서도 한 번 살펴볼 필요가 있다. 스피노자의 선조였던 포르투갈계 유대이 가족은 에스피노자Espinoza라는 성을 갖고 네덜란드로 이주한다. 이 성은 스페인의 지명인 에스피노사 데 로스 몬테로스Espinosa de los Monteros에서 유래한 것으로 알려져 있다. 스피노자의 선조는 자신의 성을 데 스피노자de Spinoza, 데스피노사Despinosa, 혹은 데스피노사d'Espinosa로 표기하였다. 그리고 우리의 철학자 스피노자가 태어났을 때, 미카엘은 그의 아들을 히브리어로 '축복받은 자'라는 뜻의 바뤼흐Baruch라는 이름으로 출생신고를 했다. 스피노자의 파문장에도 교회협의회 대표단은 바뤼흐 데 에스피노자Baruch de Espinoza라고 표기하고 있다. 파문 후 스피노자는 24살의 나이에 스스로 자신의 이름을 역시 같은 의미를 가진 라틴어 베네딕투스로 바꾼다.

라이프니츠도 자신의 성을 아버지와 다르게 사용하고 있다. 아버지의 성은 라이프뉘츠이다. 라이프니츠는 아버지와 다르게 외교관이 되어 여러 나라로 다닌다. 뿐만 아니라 라이프니츠는 저서도 다양한 언어로 썼다. 라틴어 저서가 가장 많고 그다음이 프랑스어, 독일어 순이다. 그때마다 라이프니츠는 자신의 이름도 같은 언어로 사용하였다.[14] 라이프니츠는 이런 복잡한 것을 피하기 위해서인지 모르지만 1671년 25살부터는 자신의 성을 라이프뉘츠가 아닌 라이프니츠로 표기하였다.

두 철학자는 비슷한 나이에 이름과 성을 자신의 의지에 따라 표시한다. 분명 어떤 이유가 있었을 것이다. 이것이 가족이 바란 삶과 다른 삶을 산 두 철학자의 의지인지도 모르겠다. 스피노자도 라이프니츠도 아버지가 원한 삶을 살지 않은 것은 마찬가지이다. 이름과 성을 바꾸는 것에서도 우리는 그들의 의지를 한 번 생각해 볼 수 있다.

스피노자는 5살에 에츠하임에 등록하면서 천재성이 나타났다면,

---

[14] 그래서 프랑스어로는 Godefroi Guillaume Leibnitz로, 라틴어로는 Godefrid Guilelmus Leibnitius로 표기하였다.

라이프니츠의 천재성은 세례식에서 아버지가 봤다고 알려져 있다. 태어나고 3일 만에 치러진 세례식에서 라이프니츠가 두 눈을 크게 뜨고 사제를 바라보자, 프리드리히는 자신의 아들이 천재라고 믿게 된다. 그리고 2살 때 개구쟁이였던 라이프니츠는 식탁에서 떨어졌지만, 상처 하나 없이 해맑게 웃었다고 한다. 프리드리히는 여기서 자신의 아들은 천재일 뿐 아니라 하나님의 가호까지 타고났다고 믿는다. 이 두 사건은 천재로 태어난 라이프니츠를 꼭 천재로 만들어야겠다는 아버지의 굳은 믿음이 실천으로 옮겨지는 계기가 된다. 프리드리히는 아들을 천재라고 믿을 뿐 아니라 실질적으로 천재 교육을 실시한다. 라이프니츠의 천재성 뒤에는 아버지의 노력도 없지 않았다. 라이프니츠의 아버지는 루터파 개신교도의 경건주의자답게 라이프니츠에게 일어난 모든 일을 신의 계시라고 믿었다.

아버지의 철저한 교육 아래 자란 라이프니츠는 모두가 인정하는 천재로 자란다. 하지만 라이프니츠가 6살 되던 해 아버지는 돌아가시고, 어머니가 그 뒤를 잇는다. 아버지가 가르쳐 준 공부법을 바탕으로 라이프니츠는 자신만의 독특한 교육 방법으로 모든 것을 혼자 습득한다. 혼자 라틴어와 그리스어를 배워 8살이 채 되기 전에 라틴어로 써진 스콜라철학 책을 읽으며 새로운 세계를 경험하게 된다.

반면 스피노자는 8살에 유대인 경전을 부정한 아주 큰 사건을 경험한다. 아코스타Uriel Acosta(1585-1640)[15] 사건이다. 아코스타는 유대

---

[15] 개명 후의 본래 이름은 Uriel da Costa이다.

인 경전을 부정한 죄로 유대인 공동체로부터 벌을 받고 수치심을 이기지 못하여 자살하고 만다. 어린 스피노자가 이 사건을 보고 어떤 생각을 했는지는 모르지만, 두 철학자는 같은 나이에 새로운 세계를 경험하게 된 것이다.

라이프니츠의 아버지는 연구에 필요한 많은 서적을 갖고 있었다. 하지만 어머니는 라이프니츠가 또래 아이들처럼 놀기를 원했기 때문에, 항상 서재를 닫아 두었다. 다행히 라이프니츠의 선생님들 생각은 달랐다. 어머니는 선생님들의 충고를 받아들였고, 라이프니츠는 아버지 서재에서 마음의 안정과 학문의 자유를 얻었다.

라이프니츠는 13살쯤 아리스토텔레스의 논리학을 완전히 이해하고, 왜 일상생활에 논리학이 필요한지에 대해서도 설명하였다. 그리고 14살, 라이프니츠는 라이프치히대학교로부터 입학 허가를 받았다. 스피노자는 이 나이에 초등학교에 입학하여 『탈무드』와 유대인 율법서를 배우면서 랍비 교육을 본격적으로 받기 시작한다.

종교개혁으로 종교의 힘은 옛날 같지 않았다. 여기에 과학의 발달이 한몫한다. 이런 과학의 발달은 모든 학문이 갖고 있던 신에 대한 생각을 바꾸어 놓았다. 종교는 인간에게 모든 곳에 신이 있고, 신이 모든 것을 움직인다고 가르쳤다. 그런데 과학의 발달로 신, 인간, 그리고 자연을 함께 생각하지 않고 각각 파악하려는 시도가 이루어졌다. 이것이 곧 기계론적 자연관이고, 철학에서는 기계론적 자연철학이라고 한다.

당시 라이프치히대학교는 다른 어느 대학보다 기계론적 자연철학에 관심이 많았다. 아리스토텔레스에 관심이 많았던 라이프니츠도 대학교의 이런 분위기 때문에 입학을 생각했을 것이다. 토마지우스Jakob Thomasius(1622-1684)로부터 지도를 받던 라이프니츠는 아리스토텔레스 철학과 유클리드의 기하학에 깊이 심취했고, 오늘날 우리 교육 체계로 학사에 해당되는 중간시험에 합격한다. 라이프니츠는 아리스토텔레스, 아퀴나스, 그리고 스승 토마지우스의 개체의 원리를 자신의 관점에서 정리한 최초의 저서인 『개체의 원리에 대하여Disputatio de principio individui』를 1663년 발표하고 학사과정을 마친다.

학사를 마친 다음 학기 라이프니츠는 진보적인 성향의 법률학자 슈트라우흐Johann Strauch(1612-1679) 교수의 충고로 예나대학교에 입학한다. 라이프니츠의 이모부인 슈트라우흐는 라이프니츠를 바이겔Erhard Weigel(1625-1699) 교수에게 소개한다. 라이프니츠는 수학, 철학, 그리고 천문학에 관심이 많았던 바이겔 교수와 함께 수학적인 방법론과 유클리드의 기하학을 더 깊이 있게 연구하였고, 베이컨과 홉스의 사상을 더 체계적으로 정리할 수 있었다.

라이프니츠가 예나 생활에 만족하고 있을 때, 가족은 그에게 법학을 연구할 것을 충고한다. 결국 한 학기 만에 라이프니츠는 라이프치히로 돌아와 법학을 연구하여 18살의 나이로 법철학으로 석사학위를 받았다. 논문의 제목은 『법의 일반적인 난이성 혹은 법전에 나타나는 철학적 문제Specimen difficultatis in jure seu quaestiones philosophicae amoeniores ex jure collectae』로서 철학 없는 법은 무의미함을 강조한 내용이다.

1664년 1월 석사를 마친 라이프니츠는 박사를 위한 첫발을 내려놓았다. 하지만 같은 해 2월 어머니가 세상을 떠나며 그의 삶은 완전히 바뀐다. 어머니의 유산 문제로 법은 삼촌 편을 들어 주었으며, 외가 가족과는 자주 만나지 못했다. 이후 이복형과는 남처럼 지냈고, 여동생은 8년 후 조카 하나를 남기고 24살 어린 나이에 세상을 떠난다. 많은 가족 속에서 살았지만 결국 혼자만의 삶을 살아야 했던 것도 우리의 두 철학자는 너무나 닮아 있다.

스피노자가 그랬던 것처럼 라이프니츠도 어머니가 떠난 슬픔에 잠겨 있을 수가 없었다. 라이프니츠는 이모부 슈트라우흐의 도움으로 20살 어린 나이에 오늘날까지도 천재적인 저술로 남아 있는 『결합법론Dissertatio de arte combinatoria』으로 라이프치히대학교 역사상 가장 어린 나이로 박사학위를 청구한다. 하지만 대학 당국은 분명한 이유 없이 이 청구를 거절하고 만다.

여기서 우리는 라이프니츠의 결단력을 본다. 그는 더 이상 라이프치히대학교에 연연하지 않고 바로 알트도르프대학교Universität Altdorf로 옮긴다. 다음 해인 1667년 2월 『법률적 어려운 사건의 판례에 관하여Disputatio ingauguralis de casibus perplexis in jure』라는 논문과 함께 법학 박사학위를 취득한다. 뿐만 아니라 알트도르프대학교에서는 그를 바로 교수로 초빙하지만 더 많은 일과 색다른 연구를 하고 싶다는 이유로 이 초빙을 정중히 거절하였다.

24살에 유대교로부터 파문을 당한 스피노자, 23살에 학위를 마치고 교수 초빙을 거절한 후 새로운 일을 찾은 라이프니츠. 이 둘의 공통점은 자유가 아니고 무엇이겠는가!

2) 교수가 아닌 새로운 분야를 개척한 천재

스피노자가 네덜란드에서 학문적 자유를 찾았던 것처럼 라이프
니츠도 네덜란드에서 학문적 자유를 찾으려 했다. 30년 전쟁 이후
어수선한 독일의 학문적 한계를 느꼈기 때문이다. 하지만 유럽 역
사의 대부분을 바꿔 놓은 페스트가 문제였다. 라이프니츠는 네덜란
드로 이주를 결심하였지만, 제2차 영국 네덜란드 전쟁과 네덜란드
에서 발병한 페스트로 망설일 수밖에 없었다. 이때 그에게 또 다른
학문이 유혹의 손길을 뻗었다. 바로 17세기 유럽에서 유행처럼 번
지던 연금술학이었다. 늘 새로운 것에 도전하던 라이프니츠에게 화
학이라는 학문은 정말 매력적이었다. 뿐만 아니라 연금술협회에는
능력 있고 덕망 있는 학자와 정치가가 많이 있었다. 라이프니츠는
망설이지 않고 이 협회에 가입한다.

라이프니츠는 이곳에서 만난 보이네부르크Johann Christian Freiherr von
Boineburg(1622-1672)[16] 남작의 비서를 시작으로 법률고문, 자녀들의 가
정교사까지도 맡으면서 자신의 세력을 넓혀 나간다. 더 큰 수확은
보이네부르크 남작의 추천으로 마인츠 주교 쇤보른Johann Philipp von
Schönborn(1605-1673)을 알게 된 것이다. 라이프니츠는 자신의 길을 찾

---

[16] 또는 Boyneburg라고도 한다.

았다는 듯이 열정적으로 쉰보른의 후견인으로서 법률, 신학뿐 아니라 정치에 관한 조언도 아끼지 않았다. 연금술협회에서 터득한 외교적, 정치적 실력으로 라이프니츠는 죽을 때까지 정치가의 후견인 혹은 외교관으로 자신의 천재성을 유감없이 발휘한다.

26살 라이프니츠에게 주어진 첫 외교관의 임지는 슈트라스부르크였다. 훗날 마인츠 백작이 된 보이네부르크의 아들 필리프Philipp Wilhelm Reichsgraf von Boineburg(1656-1717)가 슈트라스부르크대학교에 입학하자 외교관의 자격으로 함께 동행한다. 다음 해인 1672년 라이프니츠는 루이 14세에게 외교문서를 보내며 외교관으로 명성을 얻는다. 라이프니츠는 슈트라스부르크에 머물면서 독일을 원정하려는 루이 14세의 야망을 알게 되고, 그 유명한 이집트 원정 계획을 작성하여 보이네부르크를 통해 프랑스 정부에 전달하게 하였다. 이것이 바로 루이 14세가 보고 라이프니츠를 직접 만날 뜻을 전한 그 외교문서이다.

라이프니츠는 루이 14세에게 보낸 외교문서에서 프랑스가 독일을 비롯한 프랑스 주변국을 공격하는 것보다는 이집트를 공격하여 세력을 약화시키는 것이 더 중요하다고 지적한다. 특히 전쟁을 통해 유럽의 지성인이 등을 돌리는 일이 없도록 해야 하며, 유럽 공동의 적인 오스만튀르크 세력을 유럽에서 몰아내고 유럽이 단결하는 것이 가장 중요하다고 주장한다. 특히 이집트를 함락시킨 다음 해군력을 인도와 아시아 대륙의 해로 개척에 투입하여 새로운 무역국을 만드는 것이 더 중요하다고 라이프니츠는 강조한다.

물론 라이프니츠는 루이 14세를 만나지도 못했다. 루이 14세가 스웨덴과 동맹을 맺고 네덜란드에 선전포고를 함으로써 그의 계획이 모두 수포로 돌아간 것이다. 라이프니츠는 이런 내용을 논문 「프랑스 왕이 선전포고해야 할 이집트 원정에 대한 정론De expeditione Aegyptiaca regi Franciae proponenda justa dissertatio」에 자세히 서술하였으며, 1864년에 처음으로 공개되었다.

라이프니츠의 계획은 큰 성과를 얻지 못했지만, 4년 동안 파리에 머물면서 다양한 사상가를 만난다. 계산기를 함께 발명한 프랑스의 카르카비Pierre de Carcavi(1600 혹은 1605-1684)와의 만남과 미적분을 함께 발견한 네덜란드의 하위헌스Christiaan Huygens(1629-1695)와의 만남이 대표적이다. 그리고 영국의 토머스 홉스에게 편지를 보내 운동의 원리에 대한 문제점을 물으며 나눈 철학적인 교류도 그에게는 소중해 보인다.

1672년 필리프와 쇤보른의 조카 멜키오르Melchior Friedrich Graf von Schönborn-Buchheim(1644-1717)는 파리에 머물던 라이프니츠를 방문한다. 쇤보른이 이 세 사람을 제3차 영국 네덜란드 전쟁에 따른 평화협정 사절단으로 선택했기 때문이다. 하지만 같은 해 보이네부르크 남작이 사망하면서 이들 일행은 1673년 1월 어렵게 런던에 도착한다. 그리고 한 달 후 쇤부른의 부음마저 접하게 된다.

라이프니츠는 중요한 후견인 두 사람을 동시에 잃고 힘들었지만, 영국에서 몇몇 사상가를 만나고 다시 파리로 돌아온다. 라이프니츠는 다시 필리프의 가정교사로 돌아와 어렵게 생활하고 있었다. 하지만 필리프는 공부보다 정치에 더 관심이 있었다. 설상가상으로 독일에는 라이프니츠가 조국 독일을 버리고 다른 나라에 충성한다는 유언비어까지 돌고 있었다. 라이프니츠는 파리학술원에서 일자리를 찾았지만 그것도 쉽지 않았다. 이때 공작이 통치를 하던 하노버 공국에서 좋은 소식이 온다. 하노버 공국의 법률고문 겸 하노버 왕립도서관장을 맡아 달라는 것이었다. 라이프니츠는 프랑스와 영국 생활을 완전히 청산하고 하노버로 향한다.

파리에서 하노버로 가던 중 라이프니츠는 꿈에도 그리던 스피노자를 만나기 위해 헤이그로 방향을 돌린다. 이때 스피노자는 이미 자신의 철학을 모두 이루고 얼마나 남았을지도 모르는 힘겨운 자신의 삶을 부여잡고 있었다. 하지만 라이프니츠는 아직 이뤄야 할 것이 너무나 많았다. 프랑스 생활을 통해 외교관으로도 정치인으로도 크게 소득을 얻지 못한 라이프니츠는 마지막으로 자신의 꿈을 펼칠 계획을 안고 하노버 공국에 돌아가는 길이었다.

3) 하노버 선제후국과 베를린학술원을 위한 마지막 봉사

랍비가 되기 위해서 경전을 공부한 스피노자는 라틴어를 깨우치면서 철학자가 된다. 아버지 서재에서 아리스토텔레스를 접한 라이프니츠는 철학보다 다른 학문에 더 관심이 많았다. 우리의 두 철학자는 한 가지 일에만 몰두하기에는 재능이 너무 출중했다. 특히 라이프니츠의 천재성은 철학이라는 학문으로만 묶기에는 너무나 뛰어났다.

 더 큰 세상을 보겠다며 교수 초빙을 거절한 라이프니츠는 외교관 자격으로 유럽 여러 나라를 다니면서 다양한 학자를 접한다. 네덜란드에서는 레이우엔훅Anton van Leeuwenhoek(1632 -1723)을 만나 현미경과 미생물에 대해 논하고, 영국에서는 뉴턴을 만나 수열의 확장에 대해서 논한다. 하노버로 돌아오기 직전 라이프니츠는 영국 왕립학회에서 자신이 발명한 계산기를 시연한다. 하노버로 돌아온 라이프니츠는 뉴턴에게 미적분에 관한 오해가 있음을 편지로 알린다. 오랫동안 미적분 발명자를 놓고 논의가 많았지만, 오늘날 우리는 라이프니츠와 뉴턴의 미적분이 완전히 다르다는 것을 인정하고, 두 사람 다 미적분의 발명자라 한다.

 1677년 라이프니츠가 하노버에 도착했을 때, 하노버는 아직 선제후국이 아닌 브라운슈바이크와 뤼네부르크Braunschweig und Lüneburg 공작이 통치하던 공국이었다. 라이프니츠가 궁중 법률고문으로 정식으로 임명된 당시는 제3차 영국 네덜란드 전쟁이 끝나고 5차에 걸친 네이메헌Nijmehen 평화회의(1678) 준비가 한창이었다 이 시기에 브라운슈바이크와 뤼네부르크 공국 게오르크Georg, Herzog von Braunschweig und Lüneburg(1582-1641) 공작의 셋째 아들 요한 프리드리히 Johann Friedrich, Herzog von Braunschweig-Lüneburg(1625-1679)는 루이 14세 편에 서서 권력을 쥐고 있었다.

 요한 프리드리히는 자신이 제3차 네이메헌 평화회의에 독일의 선제후와 동일한 자격으로 참석하기를 원했다. 라이프니츠는 외교적

기질을 발휘하여 문서를 작성하였지만, 요한 프리드리히는 뜻을 이루지 못했다. 하지만 이 문서는 브라운슈바이크와 뤼네부르크 공국의 주권을 주장한 중요한 외교문서로 오늘날까지도 남아 있다.

이후 라이프니츠는 개신교와 가톨릭을 통합하는 문제, 하르츠Harz 은광의 통풍 문제와 갱도의 배수시설 문제를 개선하였지만, 좋은 결과를 낳지 못한다. 1679년 라이프니츠를 좋아했던 요한 프리드리히가 갑자기 죽으면서 동생인 에른스트 아우구스트Ernst August von Braunschweig-Calenberg(1629-1698)가 그 뒤를 이었다. 에른스트 아우구스트가 1692년 선제후로 임명되면서 하노버 선제후국이 시작된다. 이렇게 정치적으로 하노버는 복잡하게 돌아가고 있었지만 라이프니츠에게 다행스러운 것은 에른스트 아우구스트의 부인 소피Sophie, Prinzessin von der Pfalz(1630-1714)가 철학에 많은 관심을 갖고 있었다는 것이다. 이후 두 사람의 좋은 관계는 평생 유지된다.

라이프니츠에게 새로운 전환점은 1681년 라이프치히대학교 철학과 멘케Otto Mencke(1644-1707) 교수가 방문하면서이다. 멘케는 1682년부터 발행될 라이프치히 『학술연보Acta Eruditorum』[17]의 지속적인 투고와 발간의 책임을 라이프니츠에게 의뢰하였다. 이 연보는 1732년부터 1782년까지는 『신학술연보Nova Acta Eruditorum』[18]로 명칭이 바뀌어 출판되었다. 멘케의 제안을 받아들인 라이프니츠는 논문 게재뿐 아

---

17 독일어로는 Verhandlungen Gelehrter이다.
18 독일어로는 Neue Verhandlungen Gelehrter이다.

니라 이 연보를 영국의 왕립학회와 프랑스의 과학아카데미에서 발행하는 연보만큼이나 국제적인 수준으로 끌어올렸다.

연보 발행과 별도로 에른스트 아우구스트는 하노버 선제후국이 되기 이전인 1685년 라이프니츠에게 새로운 임무를 부여한다. 8세기부터 시작되는 하노버 왕실의 조상인 벨펜Die Welfen 가문의 역사를 서술하라는 임무였다. 1687년부터 1690년까지 벨펜 가문의 역사를 편찬하기 위해서 라이프니츠는 로마, 베니스, 빈 등 유럽을 여행하면서 수없이 많은 도서관을 방문한다. 이 연구를 위해 라이프니츠는 유럽의 많은 사상가와 또 교류하게 된다.

여행을 마치고 돌아온 라이프니츠에게는 또 다른 임무가 기다리고 있었다. 1692년 에른스트 아우구스트는 선제후가 될 것을 대비해 1691년 라이프니츠를 하노버 왕실 볼펜뷔텔Wolfenbüttel 도서관장으로 임명한다. 뿐만 아니라 1696년 하노버가의 비밀 법률고문으로도 활동한다. 그 결과물이『브라운슈바이크의 역사』로 발표된다. 이 저서의 원제목은『브라운슈바이크 가문의 재산을 유지하는 데 공이 있는 저술Scriptores Rervm Brvnsvicensivm Illvstrationi Inservientes』로 1707년, 1710년 그리고 1711년에 걸쳐 3권으로 나뉘어 출판된다.

라이프니츠는『학술연보』발행과『브라운슈바이크의 역사』를 서술하면서 무엇보다 학술원의 중요성을 깨닫는다. 라이프니츠는 영국의 학술원Royal Society과 프랑스의 학술원Académie française 못지않은 독일 학술원을 개원하기 위해 노력한다. 이때 그에게 가장 큰 도움이 되었던 사람이 바로 에른스트 아우구스트의 부인 소피이다. 소피는 영국의 제임스 1세의 외손녀로 명예혁명 이후 영국의 왕위 계승권 1위였다. 하지만 1714년 죽음으로 그녀의 아들 게오르크 루트비히 Georg Ludwig(1660-1727)가 영국의 조지 1세가 되어 취임한다.

소피 공주만 라이프니츠를 좋아한 것은 아니다. 그녀의 딸이었던 소피 샤를로테Sophie Charlotte(1668-1705)는 라이프니츠를 더 좋아하였다. 샤를로테는 브란덴부르크의 선제후 프리드리히와 결혼하여 쾨니히스베르크에 살다가, 1701년 남편이 프로이센의 초대 왕 프리드리히 1세Friedrich I(1657-1713)가 되면서 왕비가 되어 베를린으로 옮겨간다. 라이프니츠를 좋아했던 소피는 이렇게 영국의 왕과 프로이센의 왕비를 낳은 어머니로 기록되어 있다.

바로 이 소피 샤를로테의 도움으로 라이프니츠는 1700년 프로이센학술원Königlich-Preußische Akademie der Wissenschaften, 오늘날 명칭으로는 베를린학술원Berlin-Brandenburgische Akademie der Wissenschaften을 개원할 수 있었다. 칸트의 고향인 쾨니히스베르크에서 태어난 프리드리히 1세는 강한 프로이센을 위해서 무엇을 할 것인가를 고민한다. 그리고 내린 결론이 학문이다. 강한 학문에서 강국을 건설할 수 있다고 믿은 프리드리히의 생각과 그의 부인 샤를로테가 좋아한 라이프니츠의 생각이 일치한 것이다.

샤를로테는 라이프니츠를 단순히 어머니의 철학적 대화 상대로만 생각했지만 시간이 지나면서 라이프니츠의 철학에 깊이 빠져들었다. 특히 샤를로테는 라이프니츠의 영혼불멸설과 단자론에 많은 관심을 보였다. 하지만 샤를로테가 병으로 37살의 짧은 생을 마감하자 그 고통은 어머니 소피보다 라이프니츠에게 더 큰 상처로 남는다.

마르틴 루터의 종교개혁 이후 1562년부터 1598년까지 프랑스에서는 개신교도와 가톨릭교도 사이에 위그노 전쟁이 일어난다. 프랑스는 전통적으로 가톨릭이 강했지만 남부를 중심으로 칼뱅파 개신교가 확장하였다. 가톨릭신자들은 이들을 위그노Huguenot라 불렀다. 전쟁의 확산을 막기 위해 결국 앙리 4세는 1598년 낭트 칙령을 발표하면서 신앙의 자유를 인정하였다. 그러나 1685년, 루이 14세가 이 칙령을 폐지하면서 남부에 살고 있던 위그노인 개신교 신자 100만 명 정도가 유럽의 여러 나라로 망명길에 올랐다.

이들 중 약 5천 명 정도가 베를린에 망명 와서 살고 있었다. 이들 중에는 철학, 과학, 수학 등 다양한 학문에 조예가 깊은 사상가가 많았다. 라이프니츠는 이들을 놓치지 않고 베를린학술원의 연구원으로 초빙하였다. 이렇게 베를린학술원의 출범에는 라이프니츠와 샤를로테의 공도, 망명한 프랑스 개신교도들의 기여도 빼놓을 수 없다.

라이프니츠의 명성이 높아지면서 그를 필요로 하는 곳도 많아졌다. 라이프니츠가 프로이센을 위해 베를린학술원을 개원하고 바쁜 시기를 보내고 있을 때, 독일 합스부르크가 출신의 신성 로마 제국 황제 요제프 1세Joseph I(1678-1711)가 그를 원하자 라이프니츠는 지체 없이 빈으로 향한다.

라이프니츠는 프로이센이든 신성 로마 제국이든 자신의 능력을 발휘할 수 있는 곳이면 어디든 상관하지 않고 찾아가 도움을 주었다. 하지만 하노버 선제후국의 입장에서 볼 때 라이프니츠가 하는 일은 마음에 들지 않았다. 오갈 데 없는 라이프니츠를 불러 도서관장이나 법률고문을 맡길 때는 하노버 선제후국을 위해 일하라는 의미였을 것이다. 물론 라이프니츠는 그들이 원하는 일을 해 주었다. 그러나 라이프니츠가 더 나아가 하노버 선제후국과 경쟁국이었던 프로이센과 신성 로마 제국을 위해 베를린이나 빈에 머물며 일한다는 것은 결코 달갑지 않았다.

당시 하노버 선제후는 나중에 영국의 조지 1세가 된 게오르크 루트비히였다. 그는 어머니 소피와 동생 샤를로테가 라이프니츠를 너무 두둔하고 과잉보호한다며 불만을 토로했다. 라이프니츠는 하노버 선제후국에서 원하는 모든 것을 다 해 주었지만, 게오르크 루트비히의 화는 쉽게 가라앉지 않았다.

1712년 빈에서 요제프 1세 곁에 머물던 라이프니츠는 1714년 게오르크 루트비히가 영국의 왕이 되어 영국으로 간다는 소식을 접하자 바로 하노버로 향한다. 이때 두 사람은 오해를 풀었고 조지 1세는 라이프니츠에게 함께 영국으로 갈 것을 제의한다. 사실 조지 1세보다 더 라이프니츠를 원했던 사람은 조지 1세의 양녀이며 아들 조지 2세의 부인이었던 캐롤라인Wilhelmina Charlotte Caroline von Brandenburg-Ansbach(1683-1737) 공주였다. 하지만 라이프니츠는 고민 끝에 하노버에 남기로 결정한다.

캐롤라인 공주는 영국에서 라이프니츠에게 여러 가지로 도움을 준다. 뉴턴과 미적분 문제로 여러 가지 오해가 오갈 때도 캐롤라인 공주는 라이프니츠 편에서 대변해 주었다. 뿐만 아니라 라이프니츠를 영국으로 오게 하기 위해서 여러 가지 계획을 세운다. 그중 하나가 바로 영국의 사료를 다시 편찬하는 일이었다. 하지만 라이프니츠는 자신의 건강에 자신이 없었다. 특히 통풍으로 고통받던 라이프니츠는 의료기관을 찾지 않고 스스로 약물치료를 하면서 통증만 완화시키고 있었다. 그가 생각한 것만큼 병은 호전되지 않았고, 손이 마비되고 더 이상 저술 활동도 할 수 없었다. 캐롤라인 공주는 이런 사실을 전혀 모르고 있었다.

1716년 11월 14일 라이프니츠는 무엇인가 쓰려고 애쓴 것으로 보이는 흔적을 남긴 채 침대에서 숨진 채 발견되었다. 라이프니츠가 남긴 모든 유품과 유산은 여동생의 아들인 프리드리히 시몬 뢰플러가 모두 상속받고, 그가 남긴 많은 책, 편지, 혹은 발명품 등은 모두 하노버 선제후 도서관에 보관된다.

한 달 후 12월 14일 라이프니츠의 장례식은 하노버에 있는 노이슈태터 교회Neustädter Hof- und Stadtkirche St. Johannis에서 명성에 비해 초라하게 거행되었고, 그곳에 묻혔다. 프랑스 학술원에서 간단한 조사를 발표하였을 뿐 다른 곳에서는 특별히 라이프니츠를 애도하는 글이나 조사는 없었다.

라이프니츠는 교수로 남기에는 하고 싶은 연구가 너무나 많았다. 그리고 좋은 후견인도 두었다. 그들 중 두 사람이 왕위에 올랐다. 영국의 조지 1세와 프로이센의 프리드리히 1세가 그들이다. 라이프니츠는 이들의 도움을 마다하지 않고 받았다. 스피노자는 어땠는가? 그에게도 여러 사람이 후견인을 자처하며 나섰다. 하지만 스피노자는 그 모든 것을 거절했다.

라이프니츠는 하고 싶은 것이 너무나 많아서 후견인의 도움을 뿌리칠 수 없었다. 그리고 스피노자는 하고 싶은 것이 너무 많아 후견인을 뿌리칠 수밖에 없었다. 같은 상황에서 서로 다른 것을 선택한 이 두 철학자는 우리에게 많은 것을 생각하게 한다. 라이프니츠는 후견인의 도움을 받았지만, 그가 원하는 것을 다하기에는 부족한 것이 많고 스피노자는 후견인의 도움을 뿌리쳤지만 역시 원하는 것을 다 얻지 못했다.

후견인과 관계없이 우리의 두 철학자는 편안하게 자신이 원하는 모든 학문에 매진할 수 있었다. 그러나 그들의 마지막 길은 너무나 달랐다. 너무 많은 후견인을 둔 탓인지 라이프니츠가 가는 길은 아주 쓸쓸했다. 하지만 스피노자의 시신을 따르는 사람은 참 많았다. 여기서 우리는 두 철학자의 삶을 돌아보게 된다.

랍비가 되기 위해서 경전을 공부한 스피노자는 라틴어를 깨우치면서 철학자가 된다. 아버지 서재에서 아리스토텔레스를 접한 라이프니츠는 철학자보다 더 큰 뜻을 품고 대학보다 사회로 나선다. 어쨌든 우리가 이 두 철학자에서 찾는 것은 바로 자유일 것이다.

제2장

스피노자와 라이프니츠가
바라본 신

frenemy

1

『신학정치론』에 나타난 스피노자의 신

1)『신학정치론』의 집필 배경

스피노자는 『윤리학』에서 '능산적 자연'과 '소산적 자연'을 구별하면서 신, 자연 그리고 실체에 관해 설명한다. 이런 생각은 이미 『신학정치론』에 그 기초를 두고 있다.

15세기 유럽은 이베리아반도를 제외하고 모두 유대교도와 그리스도교도로 구성되어 있었다. 14세기 이베리아반도는 서쪽의 포르투갈 왕국, 남쪽의 그라나다 왕국, 동쪽의 아라곤 왕국, 그리고 중앙에 카스티야 왕국이 자리 잡고 있었다. 1469년 아라곤의 왕위 후계자인 페르난도 2세와 카스티야의 왕위 계승자인 이사벨 1세가 결혼하면서 공동 왕국을 건설하였다. 이 두 사람은 1492년 유럽의 유일한 이슬람 왕국인 그라나다를 무력으로 정복하였다. 이로 인해 이베리아반도뿐 아니라 유럽에서 완전히 이슬람 왕국은 사라졌다.

페르난도 2세와 이사벨 1세는 이슬람 왕국을 몰아내고 스페인을 통일한 다음 지리적인 통일뿐 아니라 종교적인 통일을 위해서 유대교에 대한 박해를 시작한다. 거짓 개종한 유대인을 찾아내 이단으로 화형시키거나 추방하였다. 이렇게 페르난도 2세와 이사벨 1세는 스페인을 철저하게 가톨릭 국가로 만들기 위해 다른 종교를 탄압하였다. 스피노자의 선조들을 비롯한 세파르디 유대인은 이런 종교적 탄압을 피해 네덜란드까지 가게 된 것이다.

스피노자의 신에 관한 생각은 여기서 시작된다. 하나님을 믿는 유럽의 세 가지 종교 중 이슬람교는 스페인의 통일과 함께 유럽에서 사라지고 유대교와 가톨릭교만 남게 된다. 스피노자가 살았던 17세기 동안 유대교는 예수를 인정하지 않았다는 이유로 유럽에서 공식적으로 인정받지 못했지만 여러 나라에서 유대인 공동체는 그 명맥을 이어 가고 있었다. 그리고 루터의 종교개혁 이후 가톨릭에서 개신교가 생겨난다. 가톨릭교와 개신교를 우리는 통칭하여 그리스도교, 즉 기독교라고 한다. 스피노자는『신학정치론』에서 아브라함으로 시작되는 이스라엘의 역사에서 논의되는 신의 문제를 유대교와 그리스도교에 국한하여 논한다.

스피노자가 생각하는 신이 무엇인지 알아보기 전에『신학정치론』의 출판 배경부터 먼저 살펴보자. 일반적으로 스피노자의 대표 저서는『신학정치론』과『윤리학』이다. 스피노자는『윤리학』의 집필을

1661년부터 시작한다. 그리고 『신학정치론』은 그보다 늦은 1665년부터 집필을 시작하여 1670년 익명으로 발표하지만 당시 사람들은 다 스피노자의 저서임을 알았다. 반면,『윤리학』은 1677년에 완성하였지만 유고로 남는다. 여기서 우리는 하나의 의문을 갖는다. 왜 스피노자는『윤리학』의 집필을 멈추고『신학정치론』을 출판하였을까?

일반적으로『신학정치론』과『윤리학』의 공통 주제는 자유라고 한다. 하지만 두 저서의 자유는 조금 다른 면이 있다.『윤리학』이 인간 지성 혹은 이성의 자유를 논한 것이라면『신학정치론』은 인간 신체와 욕망이라는 정치적 자유 문제를 다룬 저서이다. 두 저서의 주제를 관점으로 본다면『신학정치론』의 집필을 시작한 시기부터 출판까지 약 5년 동안은 정치적으로 어느 정도 자유가 주어져 있었다는 것을 예상할 수 있다. 물론 이 예상은 당시 네덜란드의 정치를 살펴보면 더 확신이 생긴다.

네덜란드 반란이라 불리는 네덜란드 독립 전쟁(1567-1648)은 무려 80년 동안 이어진다. 무거운 세금에 시달리던 네덜란드 17개 주는 1567년 신성 로마 제국으로부터 독립을 선언하고 전쟁을 시작한다. 이 전쟁을 이끈 인물인 오라네의 빌럼 1세Willem van Oranje(1533-1584)는 신성 로마 제국의 합스부르크 왕가 출신의 스페인 국왕 펠리페 2세 Felipe II de Habsburgo(1527-1598)로부터 1559년 홀란트, 제일란트, 그리고 위트레흐트 총독으로 임명된다. 처음 3개 지역의 총독이었던 빌럼은 전쟁이 시작되면서 네덜란드의 나머지 지역의 지지를 받아 네덜란드 총독이 된다. 이후 1581년 네덜란드 북부 지역이 스페인으로부터 독립을 선언하면서 빌럼은 네덜란드 총독으로 초대 세습공작이 된다. 펠리페 2세는 빌럼에게 현상금을 걸었고, 결국 암살당하고 만다.

빌럼 1세의 손자 빌럼 2세(1626-1650)는 독립 전쟁을 승리로 이끌면서 절대권력자가 된다. 하지만 빌럼 2세도 천연두로 일찍 죽으면서 네덜란드 의회는 한 사람의 총독은 절대왕권으로 가는 지름길이라 판단하고 모든 주에 총독을 두기로 하였지만, 대부분의 주에서는 총독을 임명하지 않았다. 이 시기가 바로 의회가 총독의 권력을 대신하는 네덜란드의 총독 없는 시기이다. 1672년부터 네덜란드 총독이 되었고, 명예혁명으로 1689년부터 영국의 제임스 3세가 된 그의 아들 빌럼 3세(1650-1702)는 아직 태어나지 않았다. 총독 없는 시기 네덜란드는 영국의 제임스 2세James II(1633-1701)의 통치 아래 있었다.

스피노자는 바로 이 시기를 놓치지 않았다. 의회의 힘이 강하다는 것은 권력이 시민의 편에 있다는 의미이다. 바로 이 시기를 이용하여 스피노자는 인간 신체와 욕망이라는 정치적 자유 문제를 『신학정치론』에 담았던 것이다. 특히 스피노자는 이 저서에서 성경이 갖고 있는 모순과 분명하지 않은 것에 대해 증명하려고 많은 부분을 할애하고 있다. 우리는 이 저서를 성경 분석이라고 하여도 과언이 아닐 것이다.

성경은 크게 구약과 신약으로 나누어진다. 유대교에서는 예수를 메시아로 보지 않기 때문에 예수의 행적을 소상하게 설명하고 있는 신약은 믿지 않는다. 스피노자는 유대교를 믿었고, 유대교로부터 이단이란 이름으로 파문을 당했다. 이런 관점에서 스피노자는 구약의 내용에 대해 불만이 많았을 것이다. 그것을 반영하듯 『신학정치론』에서는 특히 구약에 대한 모순과 불분명한 사실을 증명하려 많은 노력을 기울이고 있다.

이런 관점에서 볼 때 스피노자의 신에 대해 논의할 때 우리는 『신학정치론』 중에서 구약에 대한 스피노자의 생각을 보면 쉽게 그의 신에 대한 사상을 알 수 있을 것이다.

2) 율법서에 나타난 예언과 예언자에 대한 스피노자의 생각

인간은 언제 신이나 종교를 찾을까? 스피노자는 『신학정치론』 「머리말」에서 자신의 본성에 대해 알고 있는 인간은 많지 않다는 것을 전제로 하고, 아무리 미숙한 인간이라고 하여도 운명이 그들의 편에서 미소를 지을 때는 지혜가 넘쳐 다른 사람이 하는 어떤 조언도 듣지 않고 오히려 인격모독으로 간주한다고 말한다. 반대로 운명이 그들을 곤경에 빠트릴 때는 전혀 모르는 사람이나 스쳐 지나가는 사람으로부터도 조언을 구하려고 한다. 이때 인간은 아무리 잘못된 조언이나 어리석은 조언이라도 받아들일 준비가 되어 있다고 스피노자는 주장한다.

결국 인간은 약해지거나 자신의 이성을 믿을 수 없을 때 미신을 찾는다. 누군가는 이 미신을 체계화시키고 조직화시킨다. 종교는 이렇게 생겨난다. 결국 인간이 스스로 이성을 믿지 않을 때 종교를 찾게 된다는 것이 스피노자의 생각이다. 모든 인간은 추구하는 욕망이나 탐욕이 있다. 하지만 어떤 사람은 순간적인 욕망이나 탐욕을 추구하기도 한다. 이런 사람이 바로 미신의 가장 큰 희생자이다. 특히 이들은 위험이나 곤경에 처하면 입버릇처럼 신에게 기도하거나 눈물로 호소한다. 이런 사람은 스스로 "추구하고자 하는 허황된 목표에 도달할 수 있는 길을" 신이 "제시해 주지 않는다고 해서 이성을 아무짝에도 쓸모없다고 나무라고, 인간의 지혜를 헛된 것"으로 판단한다. 또 이런 사람은 "상상과 환상 그리고 유치할 정도로 터무니없는 사건을 하늘의 계시"로 생각하고 믿는다(『신학정치론』, 9쪽).

스피노자는 곤경에 빠진 사람이 이런 믿음을 가지는 가장 큰 이유를 공포라고 본다. 결국 인간의 공포가 미신을 낳고, 그 미신이 어떤 집단에 의해서 조직화된 것이 바로 종교인 것이다. 공포 때문에 종교를 만들고 믿는 인간의 본성은 변덕스러워 자주 변하기 때문에 일관성이 없고 한결같지 않다. 종교지도자나 정치가는 인간의 이런 본성을 결코 놓치지 않고 허례허식을 통해 종교에 대한 변함없는 신앙심과 공경심을 요구한다. 심지어 불경심이란 이름으로 종교에 대한 어떤 조그마한 반대의견이나 토론까지도 차단하거나 못하게 한다. 종교의 가장 큰 목적은 어떤 방법이든 공포를 조장하면서 복종을 유지하는 것이다.

이런 종교의 목적이 종교의 중심에 있는 신에 대한 생각도 변질시켰다는 것이 스피노자의 주장이다. 스피노자는 당시 종교인에게 신의 본질에 대해서 들려주고 싶었다. 하지만 정치가 이를 막고 있었다. 왜냐하면 정치가는 이런 종교의 목적을 최대한 이용하여 자신의 권력을 유지하고자 했기 때문이다. 그런데 신에 대한 본질을 얘기하고자 하던 스피노자에게 조그마한 기회가 찾아왔다.

> "모든 사람의 판단이 자유롭고, 자기의 양심이 명하는 대로 신을 모실 수 있으며 그리고 자유보다 더욱 소중하고 귀하게 평가되는 것이 없는 국가에서 살아가는 보기 드문 행운을 우리는 지금 지니고 있다. 따라서 나는 자유가 공공의 안녕을 훼손하지 않고 용인될 수 있을 뿐만 아니라, 이러한 자유 없이는 공공이익과 신앙심은 번성할 수 없다는 사실을 입증하는 작업이야말로 하잘것없거나 무익하다고 생각하지 않는다."
> •『신학정치론』, 12쪽

총독 없는 시기야말로 스피노자가 생각할 때, 인간의 본성이나 이성에 따라 자유롭게 신의 본성에 대해서 논할 수 있는 가장 좋은 시기였던 것이다. 결국 『신학정치론』은 이런 생각에 따라 신의 본성을 증명한 저서임을 알 수 있다. 여기에서는 『신학정치론』 중 「머리말」, 제1장 「예언에 대하여」, 그리고 제2장 「예언자에 대하여」에만 국한시켜 스피노자의 신에 관한 사상을 다루고자 한다.

로마 제국에서 그리스도교를 국교로 인정한 다음, 사상가가 가장 많이 한 것은 신 존재에 대한 증명이다. 신이 있다면 그 존재를 증명하라는 것이 종교를 믿는 일반 대중의 주장이었다. 종교지도자나 정치가는 스스로 할 수 없는 이 일을 사상가, 특히 철학자에게 요구했다. 하지만 철학자는 신 존재를 증명한다는 것이 얼마나 큰 모순인지 잘 알고 있었다. 그럼에도 불구하고 몇몇 철학자는 신 존재 증명이 —비록 모순이긴 하지만— 필요하다고 생각하고, 자신의 생각에 따라 신 존재를 증명하였다.

스피노자도 신 존재를 증명한다는 것이 모순이지만 필요하다는 것을 알고 있었다. 그래서 그는 『신학정치론』 제1장 「예언에 대하여」에서 "예언 또는 계시란 신이 인간에게 자신을 드러내는 확실한 지식"이라고 정의한다. 그리고 "예언자란 계시된 내용에 관해 명료한 지식이 없기 때문에 오직 종교적 믿음에 의해서만 지식을 받아들이려는 사람에게 신의 계시를 해석해 주는 사람"에 불과하다고 주장한다(『신학정치론』, 21쪽).

성경은 신이 창조한 모든 것에 관한 이야기이다. 즉 성경은 신이 인간을 창조한 내용을 중심으로 서술되었다. 하지만 그 반대의 이론도 있다. 즉 인간이 성경을 만든 것이 아닌가 하는 의문 말이다. 당시 유럽의 군주가 갖고 있던 정치적 권력이란 대단하였다. 하지만 시민의 권력 또한 만만찮았다. 차이가 있다면 정치는 종교와 권력을 양분하고 있었지만 시민의 권력은 오로지 그들의 것이었다. 이런 상황 속에서 종교개혁과 종교의 자유는 시민의 권력이 종교지도자와 결탁하기에 참 좋았다. 이에 따라 종교적 권력이 —그 전에 없었던 것은 아니지만— 더 강화되었다. 여기서 정치가는 종교적 권력을 얻기 위해 그들과 결탁할 수밖에 없었다. 그렇다고 종교인이 그들의 권력을 쉽게 정치가에게 내줄 리가 없다. 이렇게 해서 종교지도자와 정치지도자에게는 신이 인간을 창조했는가, 혹은 인간이 신을 만들었는가 하는 문제보다 그들의 공생이 우선이 된다.

종교와 정치의 복잡한 관계가 공생이란 생각을 한 스피노자는 정치적 분위기에 편승해,『윤리학』보다 종교와 정치의 본질이 더 급하다 생각하고『신학정치론』을 집필한다. 그리고 스피노자는『구약 성경』에서 그 답을 찾고자 한다. 결국『신학정치론』은『구약 성경』을 분석한 내용이다. 스피노자에 따르면 예언자는 신의 계시를 사람에게 해석해 주는 사람에 불과하고, 예언은 인간에게 신이 스스로를 드러내는 확실한 지식에 불과했다.

스피노자는 예언과 예언자를 설명하면서 모세 5경의 내용을 집중적으로 다루고 있다.『토라Tora』로 불리는 모세 5경은『구약 성경』의 첫 5장이다. 유대인들은 이 모세 5경을 중심으로 그들의 율법서인『탈무드』를 만들었다. 스피노자가 모세 5경을 분석한 것은 이 유대인의 율법서를 분석한 것과 다르지 않다. 스피노자는 모세 5경이 신이나 모세가 직접 집필한 것이 아니라 오랜 시기 동안 여러 사람에 의해서 기록되었기 때문에 그 내용이 분명하거나 명료하지 않고, 모순으로 가득 차 있다고 한다. 그리고 유대 민족도 지구상의 여러 민족 중 하나로 번영과 쇠망을 거듭한 한 민족에 불과하며, 모세 5경에 나오는 내용처럼 하나님으로부터 선택받은 민족이 아니라고 말한다. 이런 관점에서 스피노자는『신학정치론』제2장에서 모세 5경에 나오는 예언자의 예언에 대해서 논리적으로 분석하고 비판한다.

유대 민족이 선택받은 민족이 아니며, 예언자 역시 특별한 능력이 있어 종교인이 성서를 해석하는 것처럼 하나님의 뜻을 예언하는 사람이 아니다. 그리고 모세 5경은 다른 민족의 역사서처럼 유대 민족의 역사를 기록한 내용이다. 사람이 모여 공동체를 이루는 곳에는 규율이 생겨나고, 이 규율은 도덕과 윤리가 되어 사람들은 이를 바탕으로 서로를 존중한다. 사람이 더 모여 사회를 이루면 사회는 사람들의 안전을 위해, 강제할 수 있는 법을 만든다. 스피노자는 모세 5경도 유대 민족을 위한 도덕적인 내용을 담고 있다고 본다.

바로 여기서 예언자의 능력이 돋보인다. 예언자는 다른 사람보다 특별한 능력은 없지만 모든 사람이 만족할 수 있는 도덕적 덕목을 정확하게 만들어 낼 수 있는 능력을 가진 사람이다. 왜냐하면 예언은 일반적으로 자연지식을 포함하고 있기 때문이다. 자연지식이란 인간의 자연적 이성으로 얻는 지식으로, 신에 관한 지식이나 신의 율법에 의존하는 지식과 같은 것이다. 그래서 일반적으로 자연지식은 신성하지만, 열등한 사람은 자신과 전혀 관계없는 자연지식을 높게 평가하지 않는다. 그리고 사람은 힘들고 어려우면 기적과 같이 믿기 어렵거나 생소한 것에 의지한다.

여기서 신의 율법을 읽어 낼 수 있는 능력을 가진 예언자가 빛을 발한다. 자연지식은 예언자에 의해서 신성한 지식으로 변하게 된다. 비록 "예언자의 몸은 인간의 그것이지만 인간을 초월하는 정신적 힘을 지니고 있고, 그들의 감각과 의식은 우리의 그것과 전적으로 다르다"라고 일반 사람들은 믿게 되는 것이다. 스피노자는 신에

64

관한 지식이 자연지식이긴 하지만 그것을 가르치는 사람은 "일반 사람들에게 단순한 종교적 믿음을 통해서가 아니라 지식 자체로 확실하고 영예로운 것으로 이해하고 터득할 수 있는 내용을 가르치기 때문에" 예언자라고 해서는 안 된다고 주장한다(『신학정치론』, 23쪽).

이런 관점에서 스피노자는 예언자란 일반 사람보다 우월하거나 비범하거나 완전한 정신을 가진 사람이 아니라 무엇인가를 분명하게 상상할 수 있는 능력을 가진 사람이라고 정의한다. 그리고 스피노자는 율법서에 등장하는 수많은 예언자 중 솔로몬만은 특별하게 보고 있다. 다른 예언자들은 상상력이 풍부하여 율법서를 성경으로 받아들여 종교와 믿음의 대상으로 보았지만, 솔로몬은 율법서를 성경이나 믿음의 대상으로 보지 않고 논리적이고 이성적으로 생각하고 판단하였다는 것이 스피노자의 생각이다.

예언자가 남다른 눈으로 율법서의 예언을 읽어 내고 정확하게 판단한다고 하여도 종교적 교리로서 일반 사람에게 영향을 주지는 못한다. 그들은 단지 율법서의 도덕적 내용을 잘 다듬을 줄 아는 능력을 가진 사람에 불과하다. 그렇다고 해서 예언자의 능력이나 권위가 깎이는 것이 아니다. 예언자가 신을 비롯한 자연지식에 대한 특별한 능력을 갖게 된 것은 신을 남다르게 경배하고 찬양하고 믿기 때문에 신으로부터 선택된 것이다. 율법서에서는 신이 자신의 의지를 나타내기 위해서 하늘에서 내려와 스스로 말했다고 적혀 있다. 뿐만 아니라 유대 민족은 신의 목소리를 직접 들었을 뿐 아니라, 예언자는 신을 직접 보았다고까지 한다. 하지만 스피노자는 다른 생각을 갖고 있다.

> "어떤 것도 첨가되거나 삭제되지 않았고 국가의 성문법으로 제
> 정된 모세의 율법 어디에도 신이 육체가 없다거나 심지어 형태나
> 형상을 갖지 않는다는 믿음을 적은 바 없다. 다만, 유대인들에게
> 신의 존재를 믿어야 하고 오직 그만이 경배되어야 하는 신이라는
> 것을 믿으라고만 요구했던 것이다. 율법은 사람들이 신과 유사한
> 무엇도 만들거나 창안하는 것을 금했다. 이는 신에 대한 경배의식
> 을 명백히 하기 위한 것이다."　　　　　•『신학정치론』, 27쪽 이하

일반적인 사람은 신을 볼 수 없기 때문에 그들이 아무리 신을 만
들어도 신과 전혀 닮지 않고 단지 어떤 피조물과 비슷할 뿐이다. 우
리가 이런 신을 만들고 경배하거나 믿는다면, 신 자체가 아니라 우
리가 만든 신이 신 자체의 자리를 대신하고 숭배의 대상이 될 뿐이
다. 율법서에서도 모세 외에 어떤 예언자도 신의 목소리를 듣지 못
했다고 적고 있다. 이는 곧 모세는 신의 목소리는 들었지만, 육체는
보지 못했다는 의미이다. 율법서에서 전하는 이 내용은 신과 사람
사이의 소통 수단은 결국 목소리라는 것이다. 이를 스피노자는 "신
은 자신의 본질을 물적 수단을 사용하지 않고 우리의 정신에 전달
하기 때문에 인간과 매개 없이" 직접적으로 소통할 수 있다고 표현
하고 있다. 하지만 스피노자는, 여기서 예수는 예외로 한다면, "신의
계시는 말이나 환상, 곧 상상력의 도움을 통해서만 전달될 수" 있다

고 본다(『신학정치론』, 30쪽 이하).

과학의 지식으로 해결할 수 없는 신의 정신이 일반적인 사람들이 갖고 있는 정신적 능력보다 훨씬 뛰어난 것은 분명하다. 스피노자는 이런 능력을 가진 사람은 예수 외에는 없다고 본다. 신이 인간을 구원하기 위해서 초자연적인 힘을 갖고 모세에게 전한 목소리는 율법서의 내용이나 환영이 아니라 예수를 통해 직접 계시된 것이다. 신은 모세에게 했던 것처럼 예수의 정신을 매개로 사도에게 신 스스로를 나타낸 것이다. 스피노자는 바로 이런 관점에서 "예수의 목소리는 모세가 들었던 것과 동일한 방식으로 신의 음성"으로 볼 수 있다고 주장한다. 즉 "예수를 예외로 제외한다면, 신의 계시는 말이나 환상, 곧 상상력의 도움을 통해서만 전달될 수 있었다"라는 것이 스피노자의 생각이다(『신학정치론』, 30쪽 이하).

과학적 지식으로 설명이 불가능했던 예언자의 예언을 당시 일반 사람들은 신의 능력을 예언자에게 준 것으로 믿었고, 예언자는 신의 정신을 행하는 사람으로 믿었다. 예언의 지식이나 능력의 원인을 알지 못했던 이들은 자연의 경이로움이나 놀라운 일은 모두 신에게 돌렸고 예언자의 지식은 신이 직접 준 것으로 믿었다. 이런 관점에서 예언자는 오직 그들의 상상력만으로 신의 계시나 실재를 상상과 환상을 매개로 예언한 것에 불과하다.

이런 예언자의 예언 능력은 너무 상상력이 앞서기 때문에 이성적 사유 활동과는 전혀 맞지 않는다. 이성적 사유 활동도 지적 능력이 지나치면 상상력을 발휘할 수 있다. 여기서 주의해야 할 것은 지적인 상상력을 강하게 통제하지 않으면, 상상력이 지성의 자리에 충분히 들어올 수 있다는 것이다. 결국 예언이란 상상력이 풍부한 예언자의 상상에 불과하기 때문에 율법서에서는 과학적으로 설명할 수 없는 자연지식을 찾는다는 것이 불가능하다. 이것은 결국 미신에 불과하다.

과학적 지식이 어느 정도 발전하여 자연적 현상을 조금은 설명할 수 있다고 생각한 스피노자는 철학이 예언과 예언자에 대해서 어느 정도 답을 줘야 한다고 믿었다. 철학이 답을 주려면 "미신은 진실한 지식과 도덕 문제에 몰두한 사람들에게는 더할 나위 없는 적이기 때문에" 우선 미신에 대해서는 멀리해야 한다. 즉 자연지식은 예언이나 미신이 아니라 논리적으로 접근해야 한다는 결론이 나온다. 그렇지 않는 이상 예언은 결코 확실성을 보장받을 수 없다. 그래서 율법서에서 예언자는 신의 계시를 계시 자체로 보지 않고 특정한 징표를 통해 확인하려고 한다. 즉 모세는 자신이 대화하고 있는 분이 하나님이라는 것을 알 수 있게 증표를 보여 달라고 했고, 하나님은 모세에게 "이것으로 네게 보낸 증표가 되도록 하리니" 하고 답한다(『신학정치론』, 43쪽).

이렇게 율법서의 예언자까지도 신의 존재를 증명하려 하였다. 그리고 예언자가 신의 존재를 증명하여 일반 사람들에게 전하고자 한 것은 신의 계시도 예언도 아닌 도덕성임을 우리는 잘 알고 있다. 예언이나 계시 형식으로 나타나는 도덕성은 예언자를 통해 확실성을 얻는다. 그리고 일반 사람은 이런 예언자의 도덕을 믿지 않을 수 없고 지키지 않을 수 없게 되는 것이다. 예언자를 포함한 어떤 사람도 신 앞에서 스스로를 정당화시키거나 신보다 우월한 사람이라고 할 수 없기 때문이다.

하지만 하나님은 예언자마다 다른 모습으로 자신을 보여 주었다. 즉 예언자가 원했던 하나님의 증표는 예언자마다 달랐다. 어쩌면 하나님은 예언이나 계시라는 이름으로 예언자에게 맞는 증표를 보여 준 것인지도 모른다. 이는 곧 예언자의 능력과 관계가 있다. 예언이나 계시를 읽어 내는 것이 예언자의 능력이고, 그 내용이 도덕성이라면 예언자의 능력과 생각에 따라 도덕성은 달라질 수밖에 없다.

다시 말해, 철학자마다 다른 방법으로 신 존재 증명을 한 것과 마찬가지로 율법서에 등장하는 예언자도 다른 방법으로 하나님의 증표를 보았고, 예언이나 계시를 자신의 견해에 따라 도덕성으로 해석했다. 그렇기 때문에 "어떤 예언자를 확신시키는 증표가 그와 견해가 다른 예언자를 납득시키지 못할 것이라는 점"(『신학정치론』, 44쪽)은 처음부터 부정할 수 없는 전제와 마찬가지이다.

예언자마다 다른 능력을 갖고 있고, 하나님도 예언자마다 다른 증표를 보여 주었기 때문에, 신의 속성을 예언자마다 다르게 이해한 것은 당연하다. 그 결과 예언자마다 신의 속성을 다르게 가르칠 수밖에 없다. 이렇게 예언자를 중심으로 신의 예언에 대해서 같은 생각을 하는 공동체가 형성된다. 스피노자는 예언을 도덕성으로 봤기 때문에 같은 도덕성을 가진 공동체가 갖는 신의 본성 역시 같은 것이 된다. 율법서에서 다른 사람으로부터 더 많은 명성을 지니며 칭송, 그리고 존경받는 예언자는 결국, 남들보다 뛰어난 지성을 가진 것이 아니라 종교적으로 경건하고 신을 독실하게 경배한 예언자임을 쉽게 알 수 있다.

스피노자는 신은 전지전능하기 때문에 "모든 곳에 존재하고 모든 것을 안다"라고 주장한다. 아담은 신이 전지전능함을 알지 못했기 때문에 "마치 인간 대하듯이 신에게서 숨었고 신 앞에서 자신의 죄를 변명"하며 피하였다. 신의 전지전능성을 알지 못한 모세도 "인간의 행동이 오로지 신의 명령에 의해 좌우된다는 것을 완전히 이해"하지 못했던 것이다(『신학정치론』, 53쪽 이하).

뿐만 아니라 모세는 자신의 공동체에 신이야말로 혼돈한 세상에 질서를 부여하였고, 세상 사물에 대해 최고의 권리와 힘을 갖고 있다고 가르쳤다. 더 나아가 모세는 신의 능력과 권능으로 이스라엘 민족과 영토를 신의 민족과 영토로 선택했다고 가르쳤다. 그리고 신이 자신의 대리인을 정하여 이스라엘 민족과 영토를 이끌게 했다고도 가르쳤다. 이런 모세의 가르침 때문에 여호와 하나님은 단지 "이스라엘의 신과 예루살렘의 신"으로만 국한되고, "그 밖의 다른 신은 다른 민족의 신"으로 인정되었다. 그 결과 "유대인들은 신이 스스로를 위해 선택한 영토"와 유대인을 제외한 다른 민족이 택한 영토와는 완전히 다르므로 신을 숭배하는 것에도 차이를 둔다. 이러한 차별적 숭배 때문에 유대인들은 "그들이 택한 신이 다른 지역에서 채택한 다른 신에 대한 숭배 때문에 고통받아서는 안 될 것이라고"

생각하였다(『신학정치론』, 56쪽).

　스피노자의 관점에서 볼 때 예언자 모세는 다른 예언자와 마찬가지로 자신의 상상이나 기분에 따라 예언이나 계시를 설명하였으며 신을 형상화하였다. 하지만 모세의 상상력은 충분하지 못했기 때문에 신의 전지전능성을 보지 못했고, 때문에 신을 이스라엘의 신으로 국한한 것이다.

　이스라엘 백성도 마찬가지이다. 신은 여러 가지 방법으로 그들에게 예언하였고 계시하였지만, 어떤 예언자도 충분한 상상력으로 신의 본성을 찾아내지 못했다. 예언자는 몰랐기 때문에 가르치지 못했고, 결국 이스라엘 백성도 신에 대해 아는 것이 없었던 것이다. 모세가 이스라엘 백성을 이집트에서 인도할 때, "이집트의 미신에 익숙해 있으며, 교양 없고 비참한 노예 제도에 젖어 있던 사람"들은 그들을 "인도한 신이 송아지"라고 믿었기 때문에 "응당 신이 받아야 할 존경과 숭배를 송아지에게" 돌렸다. 이렇게 예언자 모세는 신의 계시나 예언을 이해할 수 있는 상상력이 부족했다. 그래서 모세에게는 "도덕규범 이상의 어떤 것을 그들에게 가르칠 수 있었을 것 같지 않아" 보였으며, 실질적으로 "법적 권위에 의해 사람들에게 도덕적으로 생활하도록 강제하는 입법자처럼 행동"하는 것으로 만족하였다(『신학정치론』, 58쪽).

　예언자의 이런 능력을 안 신은 자신의 예언이나 계시를 예언자의 이해력과 지적 능력 혹은 상상력에 맞추어 보여 주었던 것이다. 하지만 어떤 예언자도 신의 의도한 것 이상을 상상하지 못했고 이해하지 못했으며 가르치지도 못했다. 즉 그들은 신의 본성이 전지전능하다는 것을 알지 못했으며, 신이 세상을 창조한 주체이며, 모든 민족의 신임을 알지 못했던 것이다.

스피노자가 『신학정치론』 제1장과 제2장에서 정의한 신은 분명 전지전능하다. 신은 전지전능하기 때문에, 율법서의 예언자는 비록 몰랐다고 할지라도, 신의 선택이 무엇인지 우리는 잘 알고 있다. 그리고 자연을 창조한 신이 정한 이치, 즉 자연이 정한 이치는 "곧 영원한 신의 명령과 뜻에 의하지 않고는 누구도 무언가를" 할 수 없으며, "특정한 일이나 특정한 삶의 계획을 위해 다른 누구보다 그 사람을 택한 신의 부르심에 의존하지 않고는 누구도 스스로 삶의 방식을 선택하거나 무엇도" 얻지 못한다는 것이다. 아마도 사상가가 무엇인가 얻고자 하는 욕구 대상 중 가장 중요한 것은 "사물의 제1 원인을 통해 그 사물을 아는 것"일 것이다. 이 목적을 달성하기 위한 "유용한 수단은 인간의 본성 자체에 포함되어" 있어야 한다고 스피노자는 주장한다(『신학정치론』, 67쪽).

스피노자는 율법서를 종교적인 관점이 아니라 도덕적인 관점에서 접근하고 철학적으로 논리와 이성을 갖고 해석하기를 원했다. 종교인은 오히려 철학적 이성을 신학의 시녀로 삼아 철학적 생각을 할 수 없게 만들었으며, 보다 자유롭게 성경을 해석하려는 사람을 방해하였다. 바로 이런 관점에서 스피노자는 성경을 보다 자유롭게 해석하고자 하는 사람은 『신학정치론』을 통해 큰 도움을 얻을 수 있다는 확신을 「머리말」 마지막에서 하고 있다.

2

『변신론』에 나타난 라이프니츠의 신

1)『변신론』집필의 배경

스피노자와 라이프니츠를 함께 연구하는 연구자가 항상 주의 깊게 살피는 것은 1676년 두 사람의 만남이다. 이 세기의 만남이 아무런 일 없이 친교로 끝났다고 생각하는 연구자부터 아주 중요한 많은 일이 있었다는 연구자까지, 저마다 다양한 해석을 하고 있다. 후자의 입장에서 보면 중요한 일이란 스피노자가 아니라 라이프니츠에게 일어난 것이라 할 수 있다. 두 사람이 만났을 때 스피노자는 이미 『신학정치론』도 『윤리학』도 완성한 이후였으며, 유일하게 유고로 남은 『정치학 논고』에 매진하고 있었다. 즉 스피노자의 철학은 이미 완성된 상태였다. 반면 두 사람이 만난 시기 라이프니츠는 유럽에서 정치적·외교적 활동을 끝내고 독일로 돌아가는 길이었다. 철학사에서는 1676년 이후를 라이프니츠 철학의 원숙기로 잡는다. 이런 관점에서 두 사람이 만난 이후 라이프니츠 철학에 많은 변화가 일어난 것은 사실이다.

1676년 11월 라이프니츠는 스피노자를 방문하기 전 많은 준비를 한다. 두 사람은 오래전부터 만나기를 희망하였지만 두 사람의 관심사는 서로 달랐다. 라이프니츠는 보다 구체적인 신의 문제에 관심을 갖기 시작하면서 스피노자를 꼭 만나야겠다는 생각을 한 것 같다. 라이프니츠는 먼저 편지로 스피노자에게 자신의 관심사를 알린다. 라이프니츠는 1676년 초 스피노자에게 "신이 인격체, 즉 지적인 실체라는 것을 보여야만 한다"라고 서신에서 밝히고 있다. 그리고 라이프니츠는 "신이 행위의 주체이며, 선택적인 상황에 직면하여 무언가 결정을 내리는 의사 결정자임에 틀림없다는 생각"을 분명히 갖고 있다고도 알린다. 뿐만 아니라 스피노자의 관련 문제를 해결하고 답을 구하기 위해서 데카르트의 저서를 찾고자 파리의 서점을 뒤지고 다닌다(왜, 342쪽 이하).

여기서 우리가 라이프니츠의 생각에 초점을 둘 것은 신이 인격체이며 지적인 실체라는 것을 "보여야만 한다"라는 표현이다. "보여야만 한다"라는 의미에서 우리가 생각할 수 있는 철학적 정의는 신 존재 증명이다. 라이프니츠 역시 스피노자처럼 신의 존재를 증명하고자 했음이 틀림없다. 이런 생각을 갖고 라이프니츠는 11월 런던에서 네덜란드로 향한다. 암스테르담에 도착한 라이프니츠는 곧 바로 스피노자를 찾아가지 않고 스피노자의 지인을 만나, 보다 구체적인 스피노자의 사상을 듣고 연구한다. 특히 현미경을 발견한 안톤 판 레이우엔훅을 만나 과학적 탐구가 철학 연구에 큰 도움이 된다는 사실을 확인한다.

라이프니츠가 이렇게 네덜란드에서 10일 정도 머물면서 가장 확실하게 정리한 내용은 "가장 완벽한 존재는 존재"한다는 것과 "가장 완벽한 존재가 존재할 수 있다는 증명을 발견"한 것이다. 물론 여기서 말하는 가장 완벽한 존재란 바로 신을 의미한다. 뿐만 아니라 라이프니츠는 "신을 모든 본질을 포함하는 존재, 혹은 모든 성질이나 모든 긍정적 속성을 가지고 있는 존재"라고 정의한다. 이런 관점에서 라이프니츠의 신은 곧 "완전성"이며 "생각될 수 있는 모든 긍정이나 실재들, 혹은 사물들을 포함하는 존재"다(왜, 353쪽).

이런 신이 존재한다면 당연히 증명되어야 한다. 그리고 신이 존재한다면 존재하는 이유 역시 증명되어야 할 것이다. 하지만 라이프니츠는 이런 내용을 증명하기에는 너무나 바빴다. 런던에서 돌아온 라이프니츠는 철학보다 하노버 가문을 위한 일로 바빴던 것이다. 다행스럽게 소피 공주와 그녀의 딸 소피 샤를로테를 만나면서 철학적 업적을 남기게 된다. 이렇게 하여 라이프니츠는 스피노자를 만나고도 많은 시간이 지난 1710년 『변신론Essais de théodicée』을 출판한다.

라이프니츠 철학의 특징이라면 그의 명성에 비해 흔히 대작이라고 표현할 수 있는 저서가 많지 않다는 것이다. 그중 하나가 『변신론』이다. 로테르담신학대학에서 철학과 역사를 강의하던 피에르 벨 Pierre Bayle(1647-1706)은 1697년 『역사와 비판 사전Dictionnaire historique et critique』 3권을 출판하여 프랑스 계몽주의에 큰 영향을 준다. 프로이센의 왕비로 프로이센 계몽을 위해 많은 생각을 하던 샤를로테 왕비는 이 저서에 관심이 많았다. 라이프니츠는 벨의 저서를 연구하기 시작했다. 그리고 자신의 생각을 왕비에게 알렸다.

이렇게 하여 『변신론』이 완성되었다. 이런 관점에서 볼 때 『변신론』또한 라이프니츠의 철학이 집대성되었다거나 대작이라고 할 수 없다. 그러나 우리는 이 저서에서 그의 신에 대한 생각이 무엇인지 충분히 찾아볼 수 있다. 일반적으로 라이프니츠는 다른 당시 철학자와 마찬가지로 철학 연구자를 위해서는 라틴어로 저서를 집필하였지만, 일반 대중을 위해서는 프랑스어로 집필하기도 했다. 이 『변신론』이 바로 프랑스어로 집필된 경우다. 라이프니츠 스스로도 이 저서는 철학 연구자보다는 일반인에게 어울리는 저서라고 생각한 것 같다. 하지만 그 내용은 단지 일반인을 위한 것이 아님을 우리는 잘 알고 있다.

『변신론』은 신의 선, 인간의 자유, 그리고 악의 기원에 대한 내용으로 구성되어 있으며, 마지막 부분에 「부록」을 추가하여 내용을 다시 한번 요약하고 있다. 그리고 「부록」 다음에 수록된 「신의 행동 근거」는 초판에는 별도로 출판되었지만, 둘째 판부터 함께 출판되면서 오늘에 이르고 있다.

2) 『변신론』의 「머리말」에 나타난 라이프니츠의 악에 대한 변호

우리가 알고 있는 것처럼 『변신론』은 분량이 많고 매우 복잡한 구조를 이루고 있다. 변신론은 신의 정당성을 주장하는 내용으로 신정론(神正論), 신의론(神義論), 호신론(護神論)이라고도 불린다. 세상을 좋은 것과 나쁜 것으로 나눈다면, 우리는 이 세상에는 선과 악이 존재함을 너무나 잘 알고 있다. 그런데 여기서 문제가 생긴다. 신이 만약 이 세상의 모든 것을 창조했다면 왜 악까지도 창조했느냐는 물음이다. 악의 비존재는 "신이 모든 것을 창조했다"라는 말과 모순으로 신의 존재 유무의 문제가 된다. 그리고 악의 존재는 "신은 선하다"라는 말과 모순되므로 신의 존재 유무 문제가 된다. 이에 대해 그리스도교에서는 신은 선하기 때문에 악은 창조하지 않았다고 한다.

라이프니츠는 바로 이런 관점에서 신은 선하고 완전하기 때문에 결코 악을 만들지 않았다는 변신론을 주장하게 된다. 라이프니츠가 신을 어떻게 변호하고 있는지 그의 저서 『변신론』의 「머리말」을 중심으로 살펴보자.

인간은 자연 앞에 약한 존재이기 때문에 세계에 분포하고 있는 여러 민족은 그들만의 방법으로 신을 믿고 예배를 드린다. 그리고 이 예배 형식은 도덕적인 행위와 비슷한 "실천형식"과 "진리의 그림자와 같으며 순수한 빛에 어느 정도 근접"해 있는 "신앙문서"로 나뉜다. 종교의식 혹은 예배로 통칭되는 실천형식은 모든 종교에 있었지만 신앙문서로 표현되는 교리 혹은 교의는 그리스도교 이전의 다른 종교에서는 찾아볼 수 없는 내용이다. 라이프니츠가 "이교도"라고 표현한 그리스도교 이전의 다른 종교에서는 자신들이 믿는 신이 "진정한 인격체인지 혹은 태양, 별, 원소와 같은 자연적인 힘의 상징인지 잘 알지 못"했으며, 실천형식은 전혀 다른 종교를 믿는 사람은 구경조차 못하게 아주 은밀하게 이루어졌다. 이들의 실천형식은 교리에 따르지 않았기에 "우스꽝스럽고 비합리적인 것이 태반이었고 무시당하지 않기 위해서는" 감출 수밖에 없었다(『변신론』, 7쪽 이하).

하지만 그리스도교는 달랐다. 아브라함과 모세는 "모든 선의 근원이자 만물의 조물주로서의 유일신에 대한 신앙을 확립"하였다. 그리고 예수는 부활을 통해 "영혼의 불멸성에 대한 교리를 대중적으로 권위"를 갖도록 했다(『변신론』, 9쪽). 라이프니츠는 이렇게 모세에 의해서 제시되었고 예수에 의해서 확립된 신의 위대함과 선함을 신의 완전성으로 본다.

> "신을 사랑하기 위해서는 신의 완전성을 살펴보는 것으로 충분하다. 이는 쉬운 일이다. 우리는 신의 완전성에 대한 관념을 우리 안에서 발견하기 때문이다. 신의 완전성은 우리 영혼의 완전성과 같지만, 신은 그것을 아무런 한계도 없이 가지고 있다. 신은 대해이고 우리는 대해의 물방울들만을 받았다. 능력과 인식 그리고 신은 우리 안에 어느 정도 들어 있지만 신 안에는 전체적으로 들어 있다."
>
> •『변신론』, 11-12쪽

라이프니츠는 이렇게 모든 자연의 질서는 신의 완전한 질서 안에 있을 때 완전한 것으로 보았다. 인간의 삶도 인간의 질서를 통해 인간적인 것이 신적인 것으로 변화될 때 완전한 행복이 이루어진다고 믿었다. 인간의 행복을 완성할 수 있는 완전한 영혼을 얻기 위해 우리에게는 타고난 천성도 중요하지만 무엇보다 교육과 덕 있는 사람과의 만남도 필요하다. 하지만 무엇보다 완전한 영혼을 위해 필요한 것은 좋은 원칙이라고 라이프니츠는 생각한다. 좋은 원칙이란 지성의 완전성으로 의지의 완전성을 완성시키는 것이다. 도덕적인 행위도 비도덕적인 행위도 단순한 습관의 결과라고 본다면 교육과 덕 있는 사람과의 만남을 통한 지성의 완전성이야말로 의지의 완전성으로 이어질 수 있게 만드는 중요한 것이라고 할 수 있다.

지성을 통해 "신의 완전성을 인식하지 못하면서 신을 사랑할 수 없다"라는 것이 라이프니츠의 생각이다. 종교의 진정한 목적이 여기에 있다. 신의 완전성을 인정하는 것이 진정한 종교의 목적이며, 믿는 사람의 참으로 경건한 태도에서 신의 완전성을 볼 수 있다. 라이프니츠는 이상을 전제로 하지 않는다면, ─『변신론』의 주제인─ 신이 선하다는 것, 인간은 자유롭다는 것, 그리고 악의 기원에 관한 논의를 시작할 수 없다고 주장한다(『변신론』, 14쪽 이하).

문제는 신의 완전성에서 나타나는 필연성과 쾌락이다. 이로 인해 신의 완전성에 따라 창조된 이 세상은 필연적으로 그렇게 움직이게 정해져 있다는 생각에 빠진다. 신의 완전성에 의해 지배받지 않는 피조물은 없기 때문이다. 이런 생각에 따르면 모든 것은 필연적으로 인과법칙에 따라 생겨나고 필연적으로 일어난다. 여기서 사람들은 일어날 것은 일어난다는 필연성 때문에 쾌락주의적인 생각과 행동에 빠진다는 것이다. 바로 이 관점에서 우리가 생각해야 할 것이 지성과 의지의 완전성이다. 신이 완전하다는 것을 알았다면, 그 완전함을 지키기 위한 의지가 사람에게 주어져 있다는 것도 알아야 한다는 것이다. 라이프니츠는 완전한 지성을 발휘하지 않을 때를 가

리커 초기 스토아학파에서 나타난 "게으른 이성"이란 표현을 사용한다.

또 다른 하나의 문제는 숙명론이다. 사람들은 일어날 것은 일어난다는 필연성의 문제를 숙명론의 입장으로 이해한다. 숙명론은 긍정적인 입장이라기보다 부정적이다. 그렇다고 긍정적인 면이 없는 것은 아니다. 신이 완전하기 때문에 우리의 일거수일투족을 모두 살피고 있다는 확신을 가질 수 있다. 이런 확신은 우리의 행동에 만족을 가져다준다. 신은 완전하기 때문에 신이 인간의 행동에 관여한다면, 인간은 그것보다 더 나은 행동을 할 수 없다는 것을 너무나 잘 안다. 라이프니츠는 이런 숙명을 "그리스도교적인 숙명"이라고 하였다.

> "당신은 의무를 다하세요. 그리고 생겨날 결과에 만족하세요.
> 왜냐하면 당신은 신의 섭리나 혹은 사물들의 본성을 거스를 수 없
> 을 뿐 아니라(이것만으로 만족은 아니겠지만 평온은 얻을 수 있습니다),
> 선한 주인과 관계하고 있기 때문입니다."   •『변신론』, 19쪽

그러나 아무리 그리스도교적인 숙명이라 할지라도 우리 앞에 확실하게 닥친 위험을 아무런 행동도 취하지 않고 받아들이거나 분명한 희망을 지나치지는 않을 것이다.

만약 위험이나 희망을 필연성이나 숙명이란 이름으로 그냥 받아들인다거나 멀리한다면, 이것이야말로 게으른 이성에서 벗어나지

못한 사람이라 할 수 있다. 필연성이란 생각으로 주어진 삶을 쾌락주의적인 생각으로 받아들이는 사람도 게으른 이성에서 벗어나지 못하기는 마찬가지이다.

신의 완전성에서 나오는 숙명이란 말은 긍정적인 면도 있지만 일반적으로 부정적이다. 운명이란 개념은 어떨까? 숙명과 비슷한 의미를 갖고 있고 쓰임도 마찬가지이다. 특히 이 개념이 필연성과 결합하면 더 부정적이 된다. 즉 숙명의 필연성이니 운명의 필연성이니 하는 표현은 그야말로 부정적이다. 그리고 라이프니츠는 바로 여기에 악이란 개념이 결합되어 있다고 보고 있다. 운명이나 숙명이 필연적이기에 사람은 악이나 부덕한 행위를 저지른 다음 필연성이라고 변명할 수 있기 때문이다.

일반적으로 남들보다 뛰어난 정신을 가진 사람은 남에게 도덕적인 행동에 대한 보상과 부도덕적인 행동에 대한 비난이나 벌을 얘기한다. 하지만 이런 필연성에 빠져 있는 사람에게는 아무런 소용이 없다. 여기서 라이프니츠는 필연성에 빠져 있는 사람을 남들보다 뛰어난 정신을 가진 총명한 젊은이라고 표현하고 있다. 이 젊은이들은 "운명의 책에 대해 말을 하는데, 쓰인 것은 이미 쓰인 것"이기 때문에 누군가의 조언이나 "행동으로 바꿀 수 있는 것은 아무것도 없으며", 스스로의 "충동을 따르고 현재" 스스로를 "만족시킬 수 있는 것을 택하는 일이 최선"이라고 주장한다는 것이 라이프니츠의 생각이다(『변신론』, 21쪽).

이것이 모순임을 라이프니츠는 삼단논법을 통해 증명하고 있다

(『변신론』, 22쪽).

> **대전제**: 운명의 책에 내가 지금 죽거나 해를 입힌다고 쓰여 있을 경우 나는 이 독이 든 음료를 마시지 않아도 독으로 죽거나 해를 입을 것이다.
>
> **소전제**: 운명의 책에 내가 지금 죽거나 해를 입힌다고 쓰여 있지 않을 경우 나는 이 독이 든 음료를 마셔도 독으로 죽거나 해를 입지 않을 것이다.
>
> **결론**: 나는 맛있는 독이 든 음료를 마시려는 내 충동을 따라도 무방하다.

이 삼단논법은 당연히 모순이라고 라이프니츠는 주장한다. 운명의 책이니 숙명의 필연성이니 하는 것은 궤변적인 사고방식임을 젊은이에게 아무리 강조해도 이해하지 못하는 경우가 많다. 인과론에 따르면 어떤 사건이 일어나면 다른 사건은 일어날 수밖에 없다. 이것도 어쩌면 궤변인지 모른다. 어떤 사건이 어떤 사건을 꼭 일으킨다는 것을 라이프니츠는 모순으로 보고 있다. 운명의 책에 어떤 사건이 일어난다고 쓰여 있으면 왜 그 사건이 일어나는지 그 이유와 그 사건이 일어날 수밖에 없는 원인과 이유도 함께 쓰여 있다는 것이다. 그렇기 때문에 인과론의 원인과 결과를 중요시 여기는 경우 오히려 필연적으로 해야 하는 사람의 행동이나 실천에 아무런 도움이 되지 않고 오히려 부정적인 영향만 준다.

라이프니츠의 생각은 결국 운명과 숙명의 필연성은 사람으로 하여금 부정적인 행동을 하거나 악을 저지르게 하는 원인만 제공할 수 있다는 것이다. 이때 인간이 꼭 해야 하는 행동까지 필연성이란 명분으로 하지 않을 수도 있다. 예를 들어서 정의 실천, 남의 배려에 대한 칭찬, 혹은 보상을 해야 할 경우 필연성이란 이름으로 강요받아서는 안 된다. 뿐만 아니라 인간의 힘으로 할 수 없는 자연적인 재해와 같은 것 역시 필연성이란 이름으로 설명될 수도 있다. 그렇기 때문에 "나쁜 결과를 일으키지 않고서는 인정될 수 없는 필연성이 있듯이, 유해하지 않은 필연성도 있다는 점을 제시하는 것"이 아주 중요하다고 라이프니츠는 보고 있다(『변신론』, 23쪽).

> "몇몇 사람은 더 멀리 나아간다. 그들은 필연성을 구실로 사용하여 덕과 악덕이 선도 악도 아님을 증명하는 것으로 만족하지 못하고, 대범하게도 신을 자기네 타락의 동조자로 만들며, 마치 신이 악을 행하도록 강요한 것처럼 범죄의 원인을 신으로 돌렸던 고대 이교도들을 모방한다."
>
> •『변신론』, 23쪽

중세 그리스도철학은 신의 전지전능함과 창조주의 관점에서 피조물의 모든 행동을 신이 주도하고 있다고 가르쳤다. 이런 가르침이 숙명 혹은 운명의 필연성을 더 강조하는 계기가 되었다. 이런 신의 필연성이 모든 피조물의 창조자로 신을 설명하게 되었고, 모든 피조물 속에 악과 인간의 부도덕한 행위까지 포함되었다. 이런 관점에서 인간의 악한 행위를 신의 필연성으로 설명하는 경우가 생겨난 것이다.

라이프니츠는 전지전능한 신은 무엇인가를 할 때, 그 결과까지도 생각하지 않고는 결코 하지 않는다고 주장한다. 즉 신은 선을 만들 때 피조물이 악까지도 만들어 낼 것이라는 것을 이미 알고 있었다는 주장이다. 라이프니츠는 이렇게 "신과 관련된 악의 기원에 대해서는 신의 위대함, 능력, 독립성과 함께 신의 성스러움, 정의, 선을 강조함으로써 신의 완전성을 변호"하고 있다. 뿐만 아니라 모든 피조물은 "신에 의존되고 피조물의 모든 행동에 협력하며, 말하자면 신은 심지어 계속적으로 피조물을 창조한다는 것, 그럼에도 신은 죄의 주모자가 아니라는 것"을 강조하고 있다. 심지어 "악은 신의 의지와 그 근원이 다르며, 이 때문에 사람들이 죄의 악을 말하는 것이 타당하며 신은 악을 원하지는 않으나 단지 허용한다는 사실"을 우리는 알아야 할 것이라며 라이프니츠는 주장한다(『변신론』, 31쪽).

이렇게 라이프니츠는 신은 전지전능하며, 모든 피조물을 창조하였지만 악은 결코 만들지 않았다고 주장한다. 그리고 숙명이나 운명의 필연성으로 악을 저지르거나 나태해지는 것은 신의 필연성이 아니라 인간의 필연성임을 강조하고 있다.

3) 『변신론』 「부록」에 나타난 라이프니츠의 신에 대한 생각

라이프니츠의 『변신론』은 샤를로테 왕비를 위해 쓰인 신에 대한 변호이다. 그의 신에 대한 생각이 무엇인지 우리는 「머리말」에서 살펴보았다. 그리고 「부록」은 본문의 내용을 요약한 것이다. 그렇기 때문에 「부록」을 잘 분석해 보면 라이프니츠의 신에 대한 생각을 보다 구체적으로 알 수 있다. 여기서는 『변신론』의 「부록」에 나타난 라이프니츠의 신에 대한 생각을 정리하고자 한다.

라이프니츠는 『변신론』 「부록」을 셋으로 나누어 저술하고 있다. 라이프니츠는 그중 첫 번째 부록에서 악을 신이 만들었다는 다른 사람의 여러 입장을 논리적인 방법으로 변호하고 있다. 그리고 두 번째 부록에서는 영국의 홉스가 1654년 발표한 논문 「자유와 필연에 대하여Of Libertie and Necessitie」를 브람홀John Bramhall(1594-1663)이 편집하여 출간한 저서 『자유, 필연, 우연에 대한 질문The Questions concerning Liberty, Necessity and Chance』에 대한 자신의 생각을 정리하고 있다. 세 번째 부록은 아일랜드 더블린의 대주교 킹William King(1650-1729)이 1702년 출판한 『악의 기원에 대하여De Origine Mali』에 대한 자신의 평가를 다루었다. 킹의 이 저서는 케임브리지대학교 철학 교수였으며 칼라일Carlisle 주교였던 로Edmund Law(1703-1787)가 1731년 『악의 기원에 관한 에세이An Essay on the Origin of Evil』라는 제목으로 번역 출판하였다.

여기서는 두 번째, 세 번째 부록의 내용은 라이프니츠의 변신론과 깊은 관계가 없다고 판단되어 첫 번째 부록의 내용만 다루고자 한다.

라이프니츠는 신이 악을 만들었다는 일반적인 주장에 대하여 그렇지 않다고 논리적으로 반박하고 있다. 모두 8가지의 일반적인 주장에 대하여 자신만의 논박문으로 신이 악을 만들지 않았다는 것을 변호하고 있다. 그러나 세 번째 논박은 악의 문제보다 예정설의 문제이기 때문에 여기서는 제외하는 것이 타당하게 생각된다(『변신론』, 573쪽 이하).

① 첫 번째 논박

대전제: 최선을 다하지 않는 사람은 능력, 지식, 선이 부족하다.

소전제: 신은 이 세계를 창조하면서 최선을 다하지 않았다.

결론: 그러므로 신은 능력, 지식, 선이 부족하다.

라이프니츠는 일반적으로 주장되는 내용을 삼단논법 형식으로 먼저 정리하였다. 그리고 소전제를 부정한다. 즉 라이프니츠는 가장 먼저 신이 세상을 창조하면서 최선을 다하지 않았다는 것을 부정한다. 신이 악도 창조하였다고 주장하는 사람들은 라이프니츠가 부정한 소전제의 타당성을 위해 다음과 같은 새로운 삼단논법, 즉 전

^前삼단논법을 만들어 증명하고자 한다.

> **대전제**: 신이 악 없는 피조물을 만들 수 있었으나 전혀 만들지
> 않아도 될 것에 악을 포함하여 만든 것은 최선을 다한 것이 아
> 니다.
> **소전제**: 신은 악 없이 피조물을 만들 수 있었으나 전혀 만들지
> 않아도 될 것에 악을 포함하여 만들었다.
> **결론**: 그러므로 신은 최선을 다하지 않았다.

    신이 만든 이 세계에는 분명 악이 있다. 그런데 신은 악이 없는 세계를 창조하는 것도 가능했을 것이다. 또 세계 창조는 완전히 신의 자유의지에 따라 이루어진 것이기 때문에 세계를 창조하지 않았을 수도 있었다. 그러므로 라이프니츠는 전삼단논법의 소전제를 인정할 수밖에 없다. 하지만 라이프니츠는 전삼단논법의 대전제를 부정하고 있다. 대전제는 다른 의미로 악을 피하려는 것이다. 그런데 피조물이 악을 피하는 것만으로는 완벽할 수 없다.

    라이프니츠는 이를 증명하기 위해서 군대의 장군을 예로 들고 있다. 전쟁터에 나간 장군은 모두 승리를 원한다. 아군의 피해가 없는 완전한 승리는 없다. 그렇다면 장군에게는 승리가 없는 것보다는 아주 가벼운 피해를 입고 승리를 하는 것이 최고의 승리라 할 수

있을 것이다. 라이프니츠는 이것을 수학에도 비유하여 부분적 불완전성이 전체의 더 큰 완전성을 요청하는 예를 들고 있다. 곧 신은 더 큰 선을 제시하기 위해서 악을 허용했다고 표현하는 것이 옳다.

신이 피조물이 악을 저지를 것을 충분히 예견하고도 허용한 것은 피조물에 자유로운 행동을 할 수 있는 기회를 준 것이다. 이렇게 함으로써 일반적인 질서와 선에 맞는 행동이 이루어지기 때문이다. 이는 악이 있는 세상이 악이 없는 세상보다 더 좋다는 것을 증명함으로 충분히 설명될 수 있다고 라이프니츠는 믿었다. 이렇게 전삼단논법의 대전제가 부정됨으로 삼단논법의 소전제가 부정된다. 그러므로 신은 이 세상을 창조할 때 최선을 다했으며 신의 능력, 지식, 그리고 선은 결코 부족하지 않다는 결론에 이르게 된다.

② 두 번째 논박

대전제: 지성을 가진 피조물에 악이 선보다 더 많이 포함되어 있다면, 신의 모든 창조물에도 악이 선보다 더 많다.

소전제: 실질적으로 지성적 피조물에는 악이 선보다 더 많다.

결론: 그러므로 신의 모든 창조물에는 악이 선보다 더 많다.

라이프니츠는 이 삼단논법을 가언적 삼단논법이라고 한다. 그리고 이 삼단논법의 대전제와 소전제를 모두 인정하지 않는다. 삼단논법의 두 전제 중 하나라도 부정되거나 참이지 않으면 결론은 참이 될 수 없다. 그런데 두 개의 전제 모두를 부정하면 그 결론은 당연히 부정된다. 라이프니츠의 논리는 이렇다.

가언적 삼단논법이란 가정을 의미한다. 라이프니츠가 대전제와 소전제를 부정한다는 것은 두 전제 속의 가정이 잘못되었다는 뜻이다. 라이프니츠는 모든 피조물과 지성적 피조물을 구별하거나 다르게 본다. 즉 지성적 피조물에만 이성이 있다고 주장하고 있다. 이성적·지성적 피조물과 이성을 가지지 않은 다른 피조물은 분명 구별되어야 한다.

사실 지성적 피조물 외에 다른 피조물에는 이성이 없다고 보기 때문에 우리는 선과 악의 문제를 다른 피조물에 적용할 수 없다. 그럼에도 불구하고 특칭판단이 참이라고 전칭판단을 참으로 보는 것은 모순이다. 물론 지성적 피조물이 다른 피조물에 비해 가치가 있고 질적으로 우수하다고 해서 수적으로 많은 다른 피조물보다 우월하다는 것도 모순이다. 이런 관점에서 라이프니츠는 대전제가 모순이라고 주장한다.

이어서 라이프니츠는 소전제를 부정하면서 지성적 피조물에 수적인 개념을 적용한다. 쉽게 얘기하면 나쁜 사람보다 좋은 사람이 더 많다는 것이 라이프니츠 생각이다. 즉 다른 사람으로부터 존경받아 명예와 영광을 누리는 사람이 다른 사람으로부터 욕을 먹고 벌을 받는 사람보다 많다.

물론 여기서 우리는 하나의 모순을 발견한다. 수와 질에 관한 라이프니츠의 주장이다. 수적으로 많다고 해서 혹은 질적으로 우수하다고 해서 선이 악보다 더 많다고 표현한 것은 모순이라고 할 수 있다. 하지만 라이프니츠는 증명되거나 밝혀지지 않는 이상 우리는 일반적인 입장에 따르는 것이 옳다고 판단하고 신의 모든 피조물에 악이 선보다 많다는 주장을 받아들일 수도 없고 부정할 수밖에 없다는 결론을 내린다.

③ 네 번째 논박

대전제: 누군가가 저지르는 죄를 막지 않거나, 저지른 죄에 대해서 알고 있음에도 불구하고 도움을 주는 것은 그 죄인과 같은 동조자이다.

소전제: 신은 지성적 피조물의 죄를 막을 수 있음에도 막지 않고, 죄를 저지를 것이라는 점도 완벽하게 알고 있음에도 불구하고 죄를 저지르게 협조하거나 죄를 저지를 수 있는 기회를 준다.

결론: 그러므로 신은 지성적 피조물이 저지르는 죄의 동조자이다.

라이프니츠는 이 삼단논법을 통해 일반적으로 죄를 묵과하는 신이 죄의 동조자라 주장하는 사람의 입장, 즉 대전제를 부정한다. 지성적 피조물은 자유의지에 따라 행동할 수 있다. 그리고 라이프니츠는 이 자유의지에 따른 행동을 누군가가 방해하는 것을 악으로 본다. 만약 조물주가 지성적 피조물의 행동을 악이라 판단하고, 못하게 제지하거나 관여한다면 오히려 그것이 악이라고 라이프니츠는 생각했던 것이다. 이것이 비록 신이 지성적 피조물의 행동을 예견할 수는 있지만 관여하지는 못하는 이유이다.

인과관계에 의해서 지성적 피조물이 저지른 행동이 다른 행동으로 어떻게 이어지는지 신은 지켜보아야 한다. 즉 신이 악을 원하는 것은 결코 아니다. 다만, 그다음에 이어질 행동이 더 큰 선으로 이어진다면, 신은 그 선을 위해 악을 어느 정도 허용할 수 있다는 것이 라이프니츠의 생각이다. 그렇게 때문에 신이 지성적 피조물이 저지르는 악한 행동에 동조한 것은 결코 아니다.

④ 다섯 번째 논박

대전제: 한 피조물에 있는 실재적인 모든 것을 끌어낼 수 있는 자가 그 피조물의 원인이다.

소전제: 신은 죄에 있는 실재적인 모든 것을 끌어낼 수 있다.

결론: 그러므로 신은 죄의 원인이다.

이 삼단논법에서 가장 중요한 개념은 '실재적'이다. 라이프니츠는 실재적이란 개념을 두 개의 다른 개념, 즉 '적극적인 것'과 '결핍이 있는 존재'로 나누어 보고 있다. 실재성을 적극적인 것으로 보면 적극적인 실재성은 완전성이기 때문에 대전제는 부정되지만, 소전제는 인정할 수 있다. 반대로 실재성을 결핍이 있는 존재로 보면 결핍된 실재성은 불완전성이기 때문에 대전제는 인정되지만, 소전제는 부정된다. 실재성을 어떻게 보든 이 삼단논법은 대전제와 소전제가 부정된다.

라이프니츠에 따르면 이처럼 대전제와 소전제가 동시에 부정되면서 결국, 결론도 부정될 수밖에 없다. 라이프니츠는 이렇게 그 대전제와 소전제를 부정함으로써 일반적으로 신이 죄의 원인이라는 것을 인정하지 않는다.

⑤ 여섯 번째 논박

> **대전제**: 지성적 피조물이 할 수 있는 만큼 행한 것을 벌주는 것은 정의롭지 않다.
>
> **소전제**: 신은 그렇게 한다.
>
> **결론**: 그러므로 신은 정의롭지 않다.

라이프니츠는 여기서 소전제를 부정하고 있다. 즉 라이프니츠에 따르면 신은 결코 지성적 피조물이 행할 수 있는 만큼만 행하는 것에 대해서 벌을 주지 않는다. 오히려 신은 선한 의지를 갖게 될 지성적 피조물이 자유롭게 행동하도록 충분히 도와주고 은총도 베푼다는 것이 라이프니츠의 생각이다. 여기서 선한 의지를 갖게 될 지성적 피조물이란 죄를 짓기 위해 신의 은총을 결코 포기하지 않는 이들을 말한다. 당시 그리스도교의 교리에서는 그리스도교에서 세례를 받지 않고 죽은 사람의 영혼은 구제받지 못한다고 가르치고 있었다.

라이프니츠는 이 교리의 주장에 대해서 반대의견을 갖는다. 즉 세례를 받지 않고 죽은 사람은 영원히 벌을 받는다는 것을 인정하지 않고 신의 세례를 받고 은총에 따라 행동한 사람이 죽은 다음에 벌을 받는다는 것도 인정하지 않는다. 라이프니츠에 따르면 지성적 피조물이 신의 은총에 따라 살았고 자신의 빛에 따라 살았다면 분명 더 큰 빛을 받을 것이다. 만약 이런 사람이 살아 있는 동안 그렇지 못했다면 죽은 다음에는 분명 그렇게 될 것이라는 것이 라이프니츠의 생각이다. 따라서 신은 결코 지성적 피조물인 인간이 할 수 있는 만큼만 행동하며 살았다고 해서 벌을 주지 않기 때문에 이러한 대전제를 바탕으로 신이 정의롭지 않다고 해서는 안 된다는 것이 라이프니츠의 주장이다.

⑥ 일곱 번째 논박

대전제: 선한 의지와 구원을 위한 최종적 신앙을 갖도록 할 수 단과 방법을 모든 사람에게 다 주지 않고 몇몇 사람에게만 준 자는 선을 충분히 갖고 있지 않다.

소전제: 신은 그렇게 하였다.

결론: 그러므로 신은 선을 충분히 갖고 있지 않다.

이는 곧 신이 완전한 선을 갖고 있느냐 아니냐의 문제이다. 라이프니츠는 이 문제에 대해서 우선 대전제를 부정한다. 지성적 피조물의 마음속에 항상 저항심이 있다는 것은 분명하다. 그리고 이 저항을 극복할 수 있게 도와주는 것은 바로 신이다. 신은 내적 혹은 외적 상황을 통해 영혼에 큰 영향을 미치는 저항을 제어하는 능력을 갖고 있다고 보는 것이 라이프니츠의 생각이다. 하지만 신이 항상 그렇게 하는 것은 아니다. 여기서 사람들은 신이 자신의 선을 제한한다고 믿는다. 왜 그렇게 할까?

신은 처음 피조물을 창조하는 순간 모든 피조물의 창조까지도 생각하였다. 그렇기 때문에 특별한 방식으로 어떤 하나에 집착하지 않는다. 그렇게 하면 피조물의 모든 연결고리가 끊어질 수 있기 때문이다. 신은 이미 그렇게 창조하였기 때문에 개개 사물을 보다 더 좋게 만든다거나 최선을 다하지 않는다. 어쩌면 최선을 다하지 않음으로 더 큰 차원에서 세계 혹은 우주의 질서는 완전하게 이루어지는 것이다. 이런 관점에서 라이프니츠는 일반인의 주장과 다르게 신은 충분한 선을 갖고 있기 때문에 모든 사람이 아닌 몇몇 사람에게만 선한 의지와 구원을 위한 최종적 신앙을 부여한다고 믿는다.

⑦ 여덟 번째 논박

대전제: 최선을 선택하지 않을 수밖에 없는 자는 자유로울 수 없다.

소전제: 신은 결코 최선을 선택하지 않을 수밖에 없다.

결론: 그러므로 신은 자유로울 수 없다.

라이프니츠가 신을 변호하면서 마지막 주제로 다룬 것은 신의 자유로움이다. 신이 자유롭기 위해서는 대전제가 부정되어야 한다고 라이프니츠는 주장하고 있다. 즉 대전제가 부정되어야 신은 자유로울 수 있다. 어떤 자가 자신의 자유의지를 최선으로 사용할 수 있을까? 외적인 힘이나 내적인 갈등 혹은 정념에 구애받지 않고 최선의 능력을 발휘할 수 있는 자는 누구일까? 라이프니츠는 이것을 진정한 혹은 완전한 자유라 칭하고 그것을 소유한 자라고 말한다.

외적인 쾌락이나 유혹은 인간의 육체를 병들게 만든다. 그리고 내적인 갈등이나 정념은 인간의 영혼을 황폐화시킨다. 하지만 항상 선에 이끌린다면 육체든 영혼이든 덜 구속받는다. 물론 외부의 사물이 인간의 육체와 영혼을 유혹하는 것은 분명하다. 신은 외부 사물이 필요하기 때문에 창조했을 것이지만, 유혹의 대상이 외부 사물이라 생각하는 인간은 창조자 신을 항상 원망하는 것도 사실이다. 하지만 신의 지성은 선의 실행이 목적이다. 그러므로 신은 완전하고 진정한 자유를 갖고 최선을 선택하였다. 그렇기 때문에 신은 자유롭다. 그것도 진정으로 자유로우며 완전한 자유를 누린다는 것이 라이프니츠의 주장이다.

제3장

두 철학자가 반한
위험한 인물들

frenemy

1

스피노자가 반한 위험한 인물들

1) 아코스타의 자살

스피노자에게는 파문당한 평범한 유대인 철학자라는 것 외에도 여러 가지 수식어가 있다. 악마와 손을 잡은 무신론자, 가장 악한 저서를 남긴 철학자 등 종교직으로 비판적인 수식어로부터 추종해야 할 철학자, 가장 뛰어난 재능을 가진 철학자, 혁명가적인 위험한 철학자 등 긍정적인 수식어에 이르기까지 다양하다.

분명한 것은 스피노자가 남긴 저서 중『신학정치론』은 금서 조치되고, 다른 저서는 유고로 남을 정도로 그가 당시 사회가 원하지 않았던 철학자였다는 사실이다. 평범한 유대인 가족으로 태어나 랍비가 되기 위해 교육을 받던 그가 갑자기 파문과 함께 다양한 수식어가 붙은 이유가 분명 있을 것이다. 그중 하나를 꼽으라면 그에게 영향을 준 인물일 것이다. 이 인물 중에는 스피노자가 직접 만나 영향을 받은 사람도 있을 것이며, 간접적으로 영향을 받은 사람도 있을 것이다. 혹은 사제 간의 연을 맺은 사람도 있다. 이들 모두는 위대한 철학자 스피노자를 만든 중요한 인물임에 틀림없다.

스피노자가 유대교를 비판하고 율법서를 부정하면서 파문에 이르기까지 영향을 받을 수 있었던 첫 번째 인물을 가정해 본다면 아코스타를 빼놓을 수 없다. 스피노자가 속해 있던 암스테르담 유대인 사회를 시끄럽게 한 사건 중에 하나가 아코스타 사건이다.

아코스타는 암스테르담의 다른 유대인처럼 포르투갈 포르투에서 이주한 세파르디 유대인이다. 아코스타는 태어나면서 가브리엘Gabriel이란 가톨릭 세례명을 받는다. 그의 선조들이 스페인 이사벨 여왕의 정책에 따라 거짓 개종을 하였기 때문이다. 하지만 거짓 개종의 후유증은 무서웠다. 선조 중에 화형당한 사람도 있으며 몇몇 친척은 포르투갈을 떠나 암스테르담이나 이탈리아로 가기도 했다. 이런 상황 속에서 상업과 조세 관련 일을 하던 아코스타의 아버지(Bento da Costa)는 가족을 지키고, 자식을 가톨릭 상류층으로 키우기 위해서 가톨릭 세례를 받게 하였다. 1600년 10월 가브리엘은 코임브라Coimbra[19]에 있는 예수회 고등학교에 입학하였지만 4개월 만에 그만두었다. 아버지의 설득으로 1604년 다시 학교에 다녔지만

---

[19]   또는 Conimbricae라고도 한다.

1608년 아버지의 사망으로 학업을 완전히 그만두었다. 다음 해부터 아코스타는 2년 동안 고향 근처에 있는 세도페이타Cedofeita 수도원에서 재정 담당으로 잠시 근무한다. 1603년 아코스타는 가톨릭 사제 중에서 가장 낮은 직위로 서품을 받았기 때문에 수도원에서 근무가 가능했다.

자서전에 의하면 어릴 때 가톨릭 세례를 받은 아코스타는 수도회 고등학교와 수도원 생활에서 너무나 양심적인 종교인으로 자라 가톨릭에서 말하는 지옥의 형벌에 대한 두려움이 많았다고 한다. 하지만 아코스타는 사후 세계에 대한 의심을 하면서 오히려 지옥에 대한 두려움에서 벗어날 수 있었다고 한다. 이때부터 아코스타는 가족의 만류에도 불구하고 『구약 성경』을 접하고 유대교의 율법에 관심을 갖게 된다.

아코스타는 1611년 수도원 재정 업무를 그만두고 다음 해 리스본에서 온 같은 유대인 출신의 프란치스카Francisca와 결혼한 다음 북서부 포르투갈의 작은 도시 빌라 코바 다 리샤Vila Cova da Lixa로 이사하여 그 지방 귀속의 십사로 생활하며 살았다. 1614년 아코스타 가족은 갑자기 포르투갈에서 사라진다. 어머니가 모든 가족을 데리고 배를 타고 암스테르담으로 향한 것이다. 암스테르담에 도착한 아코스타는 자신의 이름을 우리엘Uriel로 바꾸고 부인의 이름도 라헬Rachel로 개명한다. 암스테르담에 도착한 아코스타는 무역업에 종사하며 함부르크를 오가며 유대인 공동체에서 활동한다.

2년 동안 함부르크에서 조용히 지내던 아코스타는 1616년 유대인 공동체가 믿어야 할 것은 『탈무드』가 아니라 『구약 성경』의 율법서라고 주장하며 「전통에 반대되는 이념Propostas contra a tradição, Thesen gegen die Tradition」이란 제목으로 성경 법칙에 반대되는 11개의 유대인 교훈 목록을 발표 배포하였다. 이 사실에 격노한 함부르크 유대인 공동체는 랍비의 종교 자문을 받은 다음 아코스타를 이단으로 인정하여 1618년부터 함부르크 유대인 공동체에 참여하지 못하게 금지령을 내렸다. 하지만 가족과 친척들의 상업적 활동은 금지하지 않았다.

아코스타는 1622년 아내를 잃고 다음 해 암스테르담으로 이사한다. 명예 회복을 위해 아코스타는 자신의 글을 철회하는 것이 아니라 오히려 더 깊은 연구로 방어를 택한다. 암스테르담에서 아코스타는 영혼불멸에 대한 종교적 생각을 완전히 뒤집는다. 『구약 성경』의 내용을 『탈무드』는 잘못 해석하였으며, 영혼은 당연히 죽는다고 주장하였다. 하나님을 믿는 그리스도교인을 비롯한 유대교인은 흥분했고 암스테르담 시의회는 아코스타의 인쇄판을 불태웠으며, 아코스타를 투옥하기 전에 먼저 위트레흐트Utrecht로 5년 추방형을 명했다.

아코스타의 형제와 사촌들이 유대인 공동체에 아코스타에 대한 진정을 꾸준히 넣은 결과 1629년 아코스타는 암스테르담으로 복귀할 수 있었다. 물론 유대교 교리를 어기거나 유대교에 대한 어떤 부정적인 말이나 행동을 하지 않겠다는 서약은 기본이었다. 하지만 아코스타는 서약과 다르게 행동하였고, 결국 1633년 다시 유대인 공동체는 아코스타를 추방하였으며, 형제와 사촌들도 그를 외면하였다.

추방된 아코스타는 하인과 함께 암스테르담 유대인 구역 근처에서 살면서 자신의 철학을 이어 갔다. 아코스타가 이때 확신한 것은 성경은 단지 인간의 역사에 지나지 않는다는 것이다. 그리고 종교 지도자는 하나님의 참된 진리를 전하지 않고 거짓과 증오를 좋아하기 때문에 인간은 종교를 버리고 자신의 이성과 자연 법칙을 따라 행동할 때 가장 행복하고 평화롭다고 주장한다.

1639년 아코스타는 스스로 외로움을 이기지 못하고 다시 공동체로 들어가기로 결정한다. 하지만 한 가지 해야 할 일이 있었다. 그것은 바로 지금까지 한 행동에 대한 회개와 공동체에 복종한다는 의미의 벌을 받는 것이었다. 이 벌은 유대인 공동체에서는 히브리어로 말쿠트Malkut 혹은 마코트Makkot로 불리는 것으로 신체에 가해지는 육체적인 체벌을 의미한다. 이 체벌을 위해서 아코스타는 유대인 교회 회당에 들어가는 남녀노소를 불문하고 모든 사람에게 자신의 등을 밟고 지나가게 회당 입구에 엎드려 있어야 하는 것이었다.

수치심과 분노를 참지 못한 아코스타는 자신의 사촌을 죽이기 위해 한 자루의 권총을 구입한다. 그리고 마지막으로 라틴어로 자서전을 남긴다. 『인간적인 삶의 예Exemplar humanae vitae, Beispiel eines menschlichen Lebens』라는 이 저서의 저자는 다 코스타가 아닌 아코스타로 표기되었으며, 자신의 삶과 자신의 종교철학에 대해 서술하였다. 그는 사후 세계는 존재하지 않는다고 서술하고 있으며, 가톨릭에서 유대교를 택한 이유는 가족과 포르투갈의 환경과 전통 때문이라고 서술하고 있다. 그리고 무엇보다 56년 동안 신을 믿은 이유는 가톨릭, 그리스정교, 유대교 등 하나님을 믿는 모든 종교의 교인이 그러하듯이 신성주의 때문이라고 주장하고 있다.

1640년 아코스타는 스스로 권총으로 자신의 머리를 쐈다. 이때 스피노자는 8살로 초등학교에 입학하여 장학금을 받고 월반을 할 정도로 총명하였다. 『탈무드』를 비롯한 유대인 율법서를 배우면서 유대교 교리에 따라 자신이 속한 공동체에서 랍비가 되기 위한 수업을 받고 있던 스피노자이다. 스피노자는 아코스타가 받는 모든 체벌을 지켜보고 있었다. 많은 철학자는 아코스타 사건과 스피노자의 파문이 관계가 있다고 서술하고 있다. 단지 추측에 불과하지만 폴란드의 화가 히르셴베르크Samuel Hirszenberg(1865-1908)는 1901년 〈아코스타와 어린 스피노자Uriel da Costa und der junge Spinoza〉라는 작품을 남긴다. 이 작품 속에서 어린 스피노자는 아코스타의 품에 안겨 율법서를 읽고 있다. 물론 히르셴베르크의 상상에 의한 작품이겠지만 두 사람 사이에 아무런 일도 없다고는 할 수 없는 좋은 예 중 하나이다.

스피노자가 파문당한 이유와 아코스타의 파문은 참 많이 닮았다. 스피노자는 이렇게 만나지 말아야 할 위험한 인물을 너무나 어린 나이에 만났고, 아코스타 사건은 그의 마음 깊이 각인되어 남아 있었을 수 있다. 스피노자도 자신의 이름과 성을 바꾸었다. 어쩌면 아코스타의 영향일 수도 있을 것이다.

2) 마사니엘로의 피살

스피노자가 알지 말아야 했던 위험한 인물 중 또 한 사람은 이탈리아 나폴리 출신의 마사니엘로Masaniello(Tommaso Aniello d'Amalfi, 1620-1647)이다. 마사니엘로는 1647년 굶주림과 지나치게 많은 세금으로 고통받던 나폴리 서민이 참다못해 일으킨 시민봉기의 지도자였다. 나폴리 왕국은 1504년 이후 스페인의 지배에서 벗어나지 못하고 있었고, 당시 나폴리 지도자들은 무능하고 잔인하기만 했다. 특히 많은 세금을 걷기 위해서 이들은 과일에 세금을 부과했는데 과일 상인들은 7월 7일 무능한 지도자들을 향해 과일을 던지면서 폭동을 일으켰다.

마사니엘로는 나폴리의 어부로 과일상도 함께 운영하고 있었다. 1647년 1월 3일 나폴리를 지배하던 스페인 아르코스Arcos의 공작 레온 4세Rodrigo Ponce de León(1602-1658)가 약속을 깨고 오히려 과일에 부과된 높은 세금을 폐지하지 않겠다는 칙령을 발표함으로 나폴리 시민의 흥분과 고통은 최고조에 이르렀다. 예수 어머니 마리아를 기리는 축제는 참 많다. 그중 한 축제가 1647년 7월 7일 나폴리에서 있었다. 수없이 많은 사람이 참여한 이 축제의 가장 큰 화두는 역시 세금 문제였다. 마사니엘로를 중심으로 수많은 나폴리 시민은 세무서를 습격하고 귀족의 집을 약탈하고 감옥을 부수었다. 시민의 폭동은 일주일 이상 지속되었고, 결국 레온 공작을 비롯한 나폴리 지배층은 지나친 세금을 포기해야만 했다.

나폴리 대성당 추기경 필로마리노Ascanio Filomarino(1583-1666)의 중재로 7월 12일 세금 감면에 대한 조약에 서명하기로 공작과 마사니엘로는 약속하였다. 하지만 공작은 반란군을 피해 야반도주했고, 나폴리를 지키기 위해 군대가 파견되면서 사태는 악화되었다. 무슨 일이 벌어졌는지 아무도 모르는 상태에서 마사니엘로는 나흘 뒤 7월 16일 같이 폭동을 일으킨 사람 중 몇 명에 의해서 살해당했다. 시민들은 마사니엘로의 장례를 성대하게 치르고 교회에 시신을 안치했다.

비록 일주일 정도지만 나폴리를 지배했던 마사니엘로의 행동에 당시 유럽의 많은 사상가가 영향을 받았다. 특히 "급진적인 화가들 사이에서 마사니엘로는 늘 어부의 옷차림에다 어깨에는 어망을 걸친 채 세상의 억압받는 민중을 구원하겠다는 염원으로 눈이 불타오르는 그야말로 전형적인 모습으로 묘사되었다"(왜, 175쪽).

마사니엘로의 영향을 받은 많은 사상가 중 한 사람이 바로 스피노자이다. 스피노자의 전기 작가로 잘 알려진 독일의 개신교 신학자 콜레루스Johannes Nicolaus Colerus(1647-1707)에 따르면 스피노자는 소일거리로 그림을 그렸다고 한다. 그리고 스피노자는 친구의 부탁으로 헤이그의 저명인사를 포함해 몇몇의 초상화를 그렸다. 그중 한 사람이 바로 마사니엘로이다.

"콜레루스가 전하는 바에 의하면, 마사니엘로를 그린 스케치는 전통적인 도상학을 따른 것이었다. 어부 차림, 어망, 그리고 누구나 떠올렸던 불타는 눈, 분명히 그 철학자 역시 낭만적인 어부 혁명가에게 사로잡힌 사람들 가운데 한 명이었다." • 왜, 176쪽

그리고 콜레루스는 스피노자가 그린 영웅 혁명가의 얼굴이 나폴리의 어부처럼 보이지 않고 오히려 포르투갈계 유대인을 훨씬 많이 닮았으며, 심지어 "그림 속의 남자는 스피노자 본인과 놀랄 만큼 유사했다"라고 서술하고 있다. 혁명가 마사니엘로가 살해당할 때 스피노자는 겨우 15살이었다. 역시 유대교 공동체에서 랍비를 향한 정열을 불태우고 있을 때였다. 하지만 스피노자가 그린 이 한 장의 초상화를 놓고 전기 작가 콜레루스는 1670년 저서 『신학정치론』과 연결시키고 있다. 스피노자는 이 저서를 통해 스스로가 "본질적으로 정치적인 사상가라는 사실을 놀라울 만큼 분명하게" 보여 주었으며, "그림 붓뿐만 아니라 펜으로도 그는 자기 자신을 세계 혁명의 정신적인 지도자로 임명"하였다(왜, 176쪽 이하).

스피노자가 만난 위험한 사람은 바로 혁명가 마사니엘로였으며, 그를 통해 스피노자는 혁명가적인 위험한 철학자가 되었다고 해도 과언이 아닐 것이다.

3) 쿠르바흐 형제의 몰락

스피노자가 접한 또 다른 위험한 인물은 바로 쿠르바흐 형제이다. 마사니엘로의 혁명적 행동에 영향을 받은 스피노자도 혁명적인

행동을 구상하고 있었다. 뿐만 아니라 스피노자의 혁명적인 구상의 결과를 많은 사람이 기다리고 있었다. 1665년부터 시작한 『신학정치론』이 바로 그것이다. "그렇지만 3년이 지나도 스피노자가 약속했던 논고에 대한 새로운 소식은 전해지지 않았다. 그러다 1668년에, 스피노자의 친구들인 쿠르바흐 형제에게 닥친 비극적인 운명이 아마도 주저하고 있던 그 혁명가를 자극하여 새로운 활력으로 당초의 계획에 다시금 달려들게 만들었을 것이다"(왜, 178쪽).

쿠르바흐 형제는 당시 스피노자의 사상에 심취해 있었다. 네덜란드의 계몽주의자인 형 아드리안Adriaen Koerbagh(1633-1669)은 위트레흐트대학교와 레이던대학교에서 의학과 법학을 전공한 의사이며 법철학자이다. 아드리안은 1668년 『슬픔 없이 모든 사랑을 가진 정원 Een Bloemhof van allerley lieflijkheyd sonder verdriet』을 출판한다. 이 저서의 내용을 볼 때 아드리안은 스피노자의 영향을 많이 받은 것으로 보인다. 아드리안은 종교와 윤리 비판가로 교회와 국가를 신뢰할 수 없는 공적인 기관이라고 주장하였다. 특히 종교인과 법조인은 논리적이고 조리 있는 말솜씨를 이용하여 자신의 권력을 유지하는 수단으로 사용한다고 보았다. 특히 신을 자연과 동일시함은 스피노자의 생각과 거의 일치한다.

아드리안은 자신의 저서를 통해 많은 사람이 신의 정원에 핀 사랑을 많이 보고 슬픔은 보지 않기를 바랐다. 하지만 종교인과 정치가는 반대로 그의 책을 보았다. 결국 아드리안은 신을 모독했다는 죄로 고발되었다. 아드리안은 순순히 체포되지 않고 도주하였다. 그러자 네덜란드 당국은 형과 함께 시민을 계몽시키던 동생 요하네스Johannes Koerbagh(1634-1672)를 체포하였다. 동생 요하네스 역시 네덜란드의 철학자로 계몽주의자이다. 동생은 체포되었지만, 아드리안은 여전히 비밀 장소로 옮겨 다니며 같은 해 또 다른 저서 『신학과 종교에 대한 중요한 문제의 이해를 위해 어두운 장소를 비추는 빛Een Ligt schynende in duystere plaatsen, om te verligten de voornaamste saaken der Godsgeleerdtheyd en Godsdienst』을 발표하면서 종교 비판을 이어 갔다. 아드리안은 이 저서를 통해 "가톨릭 교회"와 여전히 개혁이 진행되고 있는 "프로테스탄트 교회"에서 주장하는 "불합리한 교리들은 사람들을 절망적인 복종 상태에 계속 묶어 두려는 성직자들이 꾸며 낸 속임수에 불과하다고 주장"하며, 그것이야말로 어두운 장소라고 정의하고 있다(왜, 179쪽).

하지만 끈질긴 당국의 추적과 현상금으로 결국 아드리안은 체포되어 두 형제는 법정에 섰다. 네덜란드 법정은 그들과 스피노자의 관계뿐 아니라 스피노자의 무신론적인 생각에 대한 증거를 찾아내는 것을 더 중요하게 생각했다. 동생과 스피노자를 살리기 위한 아드리안의 노력은 필사적이었다. 아드리안은 스피노자를 만난 것은 인정하였지만 철학적인 논의는 없었다고 주장하였다. 흔히 얘기하는 심증은 있지만 물증을 찾지 못한 법정은 아드리안에게 10년 징역형과 10년 추방령을 선고하였다. 아드리안의 노력으로 요하네스는 석방되었고 스피노자도 아무런 피해를 입지 않았다.

당시 네덜란드 감옥은 아드리안이 10년씩 살 수 있는 편안한 공간이 아니었다. 결국 몇 달 후 아드리안은 감옥에서 사망하였고, 동생 요하네스도 형 없는 세상에서 3년을 더 버티다 결국 죽고 말았다.

> "아마도 함께 여정에 나선 동지들의 비극적인 운명에 자극을 받은 스피노자는 마침내 1670년 자신의 『신학정치론』을 세상에 발표했다. 부제를 보면 그 논고의 주된 관심사가 무엇인지 잘 드러난다. 〈이 책에서는 철학함의 자유가 신앙과 시민의 평화에 해를 끼치는 일 없이 허용될 수 있을 뿐 아니라, 신앙과 시민의 평화를 동반할 때가 아니라면 아예 그러한 자유는 가능하지 않다는 것 또한 보여 준다.〉"
>
> • 왜, 180-181쪽

『신학정치론』의 부제를 한마디로 표현하면 종교의 자유이다. 그 종교의 자유가 당시에는 없었다는 것을 보여 준다. 어쩌면 종교의 자유를 부르짖은 스피노자의 절규는 당시로서는 혁명적인 것이며, 쿠르바흐 형제처럼 될지도 모른다는 각오로 저서를 남겼을 것이다. 이렇게 『신학정치론』의 혁명적인 출판은 쿠르바흐 형제가 없었으면 불가능했을지도 모를 일이었다. 이들과의 만남은 결국 스피노자에게는 혁명적인 저서를 남긴 아주 위험한 만남이 아닐 수 없다.

4) 스승 판 덴 엔덴의 가르침

스피노자가 만난 위험한 인물로 빼놓을 수 없는 사상가는 바로 판 덴 엔덴일 것이다. 일반적으로 철학사에서는 판 덴 엔덴이 스피노자에게 라틴어를 가르쳤고, 그것을 바탕으로 스피노자가 철학을 하게 되었다고 서술하고 있다. 모직공의 아들로 태어난 판 덴 엔덴은 안트베르펜에 있는 아우구스티누스 수도회와 예수회 수도원에서 공부를 하고, 1619년 예수회 수도원에 신부가 되기 위해서 입회한다. 이후 판 덴 엔덴은 루벤Leuven대학교에서 철학을 전공하고 예수회 수도원에서는 라틴어, 수사학, 그리스어, 그리고 수학에 이르기까지 좋은 교육을 받은 다음, 1624년부터는 네덜란드의 여러 예수회 수도원을 다니면서 교수로 활동한다. 1629년에 다시 루벤대학교에서 신학을 전공하였지만, 1633년 분명하지 않은 이유로 예수회를 탈퇴한다.

판 덴 엔덴은 지속적으로 네덜란드와 스페인 사이의 전쟁에 관한 라틴어 시를 발표하면서, 동생과 함께 예술품과 중고 도서를 취급하면서 지냈다. 1641년 결혼하여 다음 해 첫 딸 클라라 마리아Clara Maria를 낳고, 이후 여러 명의 자식을 두었다. 1640년대 말 암스테르담으로 이사하여 역시 예술품과 중고 서점을 운영하였지만 넉넉하지 못했다. 많은 자녀를 둔 그는 어쩔 수 없이 생계를 위해 라틴어 학교를 개교하였다. 당시 귀족의 자식들은 공립학교를 가는 대신 라틴어 학교에서 교육을 받는 것이 허락되었기 때문이다. 판 덴 엔덴은 자신의 자식을 모두 이 라틴어 학교를 다니게 하였으며, 큰딸 클라라 마리아는 라틴어 선생님으로 성장하였다. 바로 이 학교에 스피노자가 학생으로 등록한 것이다.

하지만 판 덴 엔덴은 단순히 스피노자에게 라틴어를 가르친 스승 이라고 하기에는 그 역할이나 영향력이 너무나 컸다. 무엇보다 판 덴 엔덴은 히브리어로 『탈무드』만 읽으면서 학구열을 불태우던 스 피노자의 숨겨진 학구열을 끌어낸 스승이다.

> "그 열성적인 학도는 즉시 판 덴 엔덴의 문제 학교에 등록했고, 클라라 마리아를 자신의 라틴어 선생으로 받아들였다. 20대 초반 의 어느 날 벤투는 아예 르판스와 그의 가족이 사는 곳으로 이사해 버렸다. 이제 그 자신 라틴어의 달인이 된 벤투는 방을 그냥 쓰는 대신 학생들에게 라틴어를 가르치게 되었다." •왜, 45쪽

1632년생인 스피노자와 1642년생인 클라라 마리아의 나이를 생 각할 때 클라라 마리아의 라틴어 실력이 얼마나 대단했는지 우리는 충분히 짐작할 수 있다. 그것보다 더 중요한 것은 스피노자가 판 덴 엔덴의 라틴어 학교에 입학한 이유가 다른 곳에 있다는 것이다. 네 덜란드는 유대인에게 자유로운 정착을 허락하고 무역을 할 수 있도 록 허락할 만큼 정치적으로, 사상적으로 어떤 다른 유럽의 도시나 국가보다 자유로웠다. 행정적으로 다른 국가보다 느슨했던 네덜란 드는 유럽 사상가들의 저서를 여러 나라 언어로 출판해 주는 천국과

도 같았다. 당연한 결과이지만 중고 서적을 파는 서점도 네덜란드에서는 넘쳐나기 시작했고, 특히 유럽 각국에서 지정된 금서도 이곳에서는 쉽게 구할 수 있었다.

급진적 진보주의자였던 판 덴 엔덴은 바로 이런 서적을 취급하는 중고 서점을 경영하면서 라틴어 학교를 운영하고 있었다. 학구열에 불타 중고 서점을 기웃거리던 스피노자와 판 덴 엔덴의 만남은 그야말로 운명이고 혁명이었다. 다양한 분야에 관심이 많았던 스피노자에게는 다방면에 뛰어난 실력을 갖고 있던 판 덴 엔덴이야말로 자신의 갈증을 충족시키기에 충분한 스승이었다.

특히 스피노자는 라틴어 외에서도 판 덴 엔덴으로부터 많은 영향을 받았다. 판 덴 엔덴이 왜 예수회에서 탈퇴했는지 분명하지는 않지만, 그의 사상을 보면 어느 정도 짐작은 할 수 있다. 그는 범신론자이며, 데카르트 사상을 따랐고, 특히 무신론자로 알려져 있다. 이런 그의 사상은 아무리 진보적인 네덜란드라고 하지만 아주 위험한 것이었다. 뿐만 아니라 그의 진보적인 성향이 알려지면서 그의 라틴어 학교는 정치적으로 피난처가 되기도 했다. 특히 프랑스 루이 14세의 폭정을 피해 망명한 많은 정치인이 그의 학교에 숨어들었다.

보다 근본적인 문제는 1668년 쿠르바흐 형제 사건으로 심각한 수준에 이른다. 스피노자라는 애제자를 둔 그에게 이 사건은 그냥 지나칠 수 있는 사건이 아니었다. 결국 그는 프랑스 친구들의 도움으로 파리로 이주하여 그곳에서 다시 라틴어 학교를 개교하였다. 그의 진보적인 사상은 파리에서도 나타났다. 프랑스 게메네의 루이 8세Louis VIII de Rohan Guémené(1598-1667)의 아들이며 왕위 계승자인 루이 드 로한Louis de Rohan Guémené(1635-1674)은 루이 14세의 아들이며 황제 계승자인 루이 드 부르봉Louis de Bourbon(1661-1711)을 납치하여 자신의 공회국을 건설하려는 계획을 세운다. 루이 14세의 사냥 책임자이며 베르사유 궁전 경비대 대령이었던 로한은 키유뵈프Quillebeuf를 점령하고 노르망디Normandy에 공화국을 건설할 계획을 세웠지만 결국 실패하고 만다.

로한을 비롯한 관련된 모든 사람은 실행을 옮기기 전 체포되어 바스티유 감옥에 감금되었다가 사형되었다. 바로 이 사건에 판 덴 엔덴도 관여하게 된다. 로한과 같은 귀족의 방문을 받은 판 덴 엔덴은 진보주의적 생각이 살아나 뜻을 함께하기로 약속하였다. 하지만 로한의 계획이 발각되면서 판 덴 엔덴도 로한과 같은 날 교수형에 처해진다.

판 덴 엔덴의 진보적인 사고방식은 네덜란드에서 파리로 옮겨져 많은 유럽 사상가에게 영향을 주었다. 이런 판 덴 엔덴의 수제자이며 애제자였던 스피노자야말로 그의 사상과 진보적인 사고에 영향을 받을 수밖에 없었을 것이다. 스피노자가 혁명적인 철학을 남길 수 있었던 이유 중 하나도 좋은 스승 판 덴 엔덴과의 혁명적이고 위험한 만남이 있었기 때문에 가능했을 것이다.

2

라이프니츠가 반한 위험한 인물들

1) 토마지우스의 아리스토텔레스

스피노자와 라이프니츠, 위대한 두 철학자의 차이 중 가장 중요한 부분을 차지하는 것은 종교이다. 비록 암스테르담에서 살았던 스피노자이지만 그는 종교로부터 자유롭지 못했다. 반면 라이프니츠는 라이프치히에서 종교적 자유를 어느 정도 누리고 있었다. 종교 전쟁인 30년 전쟁으로 가장 많은 피해를 본 나라는 아마 독일일 것이다. 많은 사람이 전쟁으로 죽었고 전염병으로 고생했다. 하지만 죽음과 전염병보다 더 무서운 종교 문제는 30년 전쟁이 해결해 주었다. 가톨릭과 프로테스탄트는 여전히 충돌하고 있었지만, 서로를 인정하면서 점차 안정을 찾아가고 있었다. 특히 라이프치히는 독일 중에서도 종교적인 자유를 누리고 있었다.

이 혜택을 가장 많이 본 철학자가 바로 라이프니츠이다. 30년 전쟁 후 독일은 학문의 고갈 현상이 나타났으며 좋은 학자의 등장을 기다리고 있었다. 아마 이런 독일 정부의 호응에 부응한 사람이 바로 라이프니츠일 것이다. 특히 라이프치히대학교에서는 학문의 자유가 주어졌고, 그 덕분에 라이프니츠의 아버지는 그리스어와 아리스토텔레스 철학에 관심을 가질 수 있었다. 아버지의 그 유산을 그

대로 이어받고 혜택을 누린 철학자가 바로 라이프니츠이다.

라이프니츠는 일찍이 아리스토텔레스 논리학에 빠져 있었다. 이 논리학이야말로 라이프니츠가 계산기를 발명하고 미적분을 발견하게 한 원동력이었다. 라이프니츠가 단순히 아리스토텔레스 철학에 빠졌다면, 그것을 일깨워 준 스승이 바로 토마지우스이다. 이렇게 라이프니츠는 토마지우스를 만남으로써 자신의 새로운 길이 열린다.

토마지우스는 아리스토텔레스 철학 전공자다. 법조인 집안에서 태어난 토마지우스는 여러 대학에서 철학, 문헌학, 수학을 전공한 다음 라이프치히대학교에서 학장과 총장을 역임하면서 철학과 신학을 가르쳤다. 라이프니츠가 라이프치히대학교에서 수업을 받고 있을 때, 토마지우스는 아리스토텔레스 철학을 중심으로 도덕철학, 변증법, 수사학 등을 가르쳤다. 사실 대부분의 종교에서는 플라톤 철학의 이론을 따른다. 특히 플라톤의 이데아론은 이원론으로 창조자와 피조물이란 관계를 너무 쉽게 설명해 주고 있기 때문이다. 하지만 아리스토텔레스 철학은 그렇지 않다. 토마지우스는 이런 관점에서 창조자와 피조물, 신과 자연의 분리를 주장하면서 아리스토텔레스 철학이 그리스도교에 적용되어야 한다는 입장을 밝힌다.

토마지우스의 이런 생각은 당시로서는 결코 쉽게 논의할 수 있는 내용이 아니었다. 하지만 라이프니츠는 토마지우스의 사상이 아주 마음에 들었다. 토마지우스도 자신의 특별한 학생으로 라이프니츠를 지목할 정도였다. 하지만 라이프니츠는 끝까지 토마지우스의 지도를 받을 수 없었다. 이모부 슈트라우흐 교수의 조언으로 다시 예나대학교에 입학했기 때문이다.

2) 짧지만 강한 발명가 바이겔과의 만남

어릴 때부터 시작된 아리스토텔레스에 대한 라이프니츠의 사랑은 대학교에서도 이어졌다. 하지만 집안의 많은 사람은 라이프니츠에게 철학이 아닌 법학을 연구하라고 조언한다. 특히 진보적 성향의 법률가였던 이모부 슈트라우흐 교수는 라이프니츠에게 예나대학교의 바이겔 교수를 소개한다. 이모부의 조언에 따라 예나대학교에 입학한 라이프니츠는 바이겔의 철학보다 오히려 발명에 더 관심을 갖게 된다.

라이프니츠가 반한 바이겔은 철학보다 수학자, 천문학자, 교육자로 잘 알려져 있지만, 무엇보다 발명가로 더 잘 알려져 있었다. 바이겔이 3살 때 모직공인 아버지(Michael Weigel, 1591-1637)는 가톨릭의 박해를 피해 바이덴Weiden에서 자신이 태어난 뷰지델Wunsiedel로 이사한다. 바이겔은 라틴어 학교와 김나지움을 졸업한다. 이후 바이겔은 수학을 기반으로 하는 천문학자 심퍼Bartholomäus Schimpfer로부터 천문학을 배웠다. 1647년 라이프치히대학교에 입학하여 1650년 석사Magister Artium학위를 받고 2년 후 물리학자, 수학자, 그리고 의사였던 밀러Philipp Müller(1585-1659) 교수의 지도하에 박사학위를 받았다. 그리고 다음 해인 1653년 예나대학교 수학과 교수로 초빙되었다.

바이겔은 많은 부분에서 괄목할 만한 업적을 남겼다. 그중에서 대표적인 것은 달력을 통합하려는 것이었다. 율리우스 카이사르가 만든 율리우스력의 문제를 발견한 교황 그레고리우스 13세는 율리우스력의 문제점을 보완하여 자신의 이름을 딴 그레고리력을 1582년부터 사용한다. 17세기에 들어오면서 가톨릭에서 파생된 개신교가 그레고리력에 문제를 제기하면서 새로운 달력의 필요성이 제기되었다. 바이겔은 이 문제를 해결하기 위해 개신교 나라인 네덜란드와 스웨덴을 방문하고 새로운 달력을 만들어 독일만이라도 달력의 체계를 통일시키기 위해서 레겐스부르크 의회에 제안서를 제출하였다. 바이겔이 죽은 이후 레겐스부르크 개신교에서는 바이겔의 달력을 수용하려 했지만 몇 가지 문제가 발생하면서 결국 달력의 체계를 통일하려던 바이겔의 생각은 무산되고 만다.

그 외 그의 업적이라면 바이겔식 발명품이다. 바이겔은 대중을 위한 발명품을 많이 남긴 것으로 유명하다. 그의 발명품은 주로 악기나 기구의 보조 장치와 같은 것이다. 예를 들어서 인쇄기에 보조 장치를 달아 더 빠르게 인쇄물을 찍어 내는 방법이나 별자리를 관찰할 때 사용하는 간단한 별자리 표시바늘Astrodicticum simplex과 같은 것이다.

무엇보다도 그의 연구 공간이었던 바이겔의 연구소Das Weigelsche Haus는 유명하다. 안타깝게도 에나의 일곱 가지 기적 중 하나인 바이겔의 연구소는 1898년 도로 확장을 위해 철거되고 말았다. 이 연구소에는 지하에서 포도주를 위층으로 이동할 수 있게 엘리베이터를 설치하는 등 여러 가지 기술들이 집약되어 있었다.

　바로 이런 바이겔로부터 지도를 받기 위해 라이프니츠는 예나대학교에 입학한 것이다. 사실 17세기 예나대학교에서 바이겔의 가르침은 과학적 혁신이라는 관점에서 엄청난 파급효과를 갖고 있었다. 이런 바이겔 주변에는 창의적이고 독창적인 사고를 가진 많은 학자나 제자들이 모일 수밖에 없었다. 이렇게 모인 바이겔의 제자는 과학적인 사고를 갖고 자신들의 자리에서 과학과 연계된 학문을 시도하였다. 물론 라이프니츠도 예외가 아님을 우리는 너무나 잘 알고 있다. 하지만 라이프니츠는 예나대학교에서 한 학기만 보내고 다시 라이프치히대학교로 돌아온다. 두 사람은 단 한 학기 같이 있었지만, 라이프니츠의 업적으로 볼 때 두 사람의 짧은 만남이 얼마나 강했는지 우리는 잘 알 수 있다.

3) 권력의 핵심으로 가는 길에 만난 폰 보이네부르크

　1666년 약관의 라이프니츠는 라이프치히대학교 법학과에 박사학위를 청구했다. 하지만 이 청구는 특별한 이유 없이 거절되고 말았다. 라이프니츠의 박사학위 논문이 거절된 이유에 대해서 한 가지 가능성 있는 주장은 "조숙한 경쟁자가 일찍 성공하는 것을 질투한 선배 학생들이 너무 어린 학생이 제출한 학위 청원은 반드시 승인을 보류해야 한다고 교수진을 설득"했기 때문이라는 것이다(왜, 77쪽).

　이유가 무엇이든 다음 해 라이프니츠는 뉘른베르크 알트도르프대학교에서 법학 박사학위를 받는다. 얼마 후 "지역 교육담당대신이 라이프니츠 박사님을 찾아와 영광스러운 대학 교수 자리를 달라고만 하면 거저 줄 수 있다고 귀띔"을 해 주었다. 하지만 라이프니츠는 "이미 훨씬 더 높은 기대치를 스스로에게 설정했기 때문에" 교수 자리를 거절하고 "뉘른베르크 연금술사 협회 덕분에 자신의 미래를 발견"하고 그 길로 접어들었다(왜, 81쪽).

라이프니츠는 왜 어렵게 받은 법학 박사와 교수 제안을 거절하고 다른 길을 들어섰을까? 오늘날까지도 남아 있는 의문 중 하나다. 여기서 우리는 스피노자와 비슷한 사연 하나를 라이프니츠에게서 찾아볼 수 있다. 혹 이 사연이 그로 하여금 법학을 버리고 다른 길로 들어서게 한 많은 이유 중 하나 정도는 될 수 있을지도 모르기 때문이다. 석사학위가 끝나갈 무렵 라이프니츠의 어머니가 세상을 떠난다. 이때 라이프니츠는 어머니의 유산 문제로 삼촌과 법적 투쟁을 할 수밖에 없었다. 어머니의 유산의 지분을 요구한 삼촌을 상대로 라이프니츠는 직접 법정에서 싸웠다. 하지만 법은 삼촌의 손을 들어 주고 말았다. 외갓집 식구는 모두 화를 내며 뒤돌아섰고, 여동생도 이 문제로 많은 고통을 받다 몇 년 후에 죽고 만다.

여기서 우리는 스피노자의 법적인 다툼을 한 번 생각해 본다. 네덜란드 정부는 파문당한 스피노자에게도 아버지의 상속권이 있다고 판결했다. 하지만 스피노자는 스스로 상속권을 포기하고 여동생에게 모든 것을 준 뒤, 어려운 생활을 자처했다. 스피노자는 아버지의 유산 없이도 혼자 살아갈 수 있는 능력이 있었기 때문이다. 라이프니츠도 더 어린 나이였다면 경제적으로 자립하기가 쉽지 않았을 것이다. 하지만 이미 성년으로 접어들었고 이모부 슈트라우흐 교수의 보살핌도 있었기에 별 어려움 없이 학업을 계속할 수 있었다. 우리는 여기서 라이프니츠가 느낀 법에 대한 무력함과 부조리를 생각해 볼 수 있다. 뿐만 아니라 특별한 이유 없이 법학 박사학위를 거절한 라이프치히대학교의 알 수 없는 태도도 원인으로 생각해 볼 수 있다. 어쩌면 라이프니츠의 대망이 그를 대학교라는 작은 공간에 묶어 둘 수 없었을 수도 있다. 이유가 어디에 있든 교수 자리와 더 많은 법학 연구를 포기한 그는 연금술에 관심을 갖는다.

당시 연금술은 많은 사람에게 인기가 있었기 때문에 여러 분야의 권력자가 모여 있었다. 그 많은 권력자 중에 한 사람이 바로 폰 보이네부르크였다. 연금술은 단순한 광물을 이용하여 값비싼 금을 만드는 작업이다. 하지만 이 단순한 실험을 하기 위해서는 화학적·물리적 반응이 필수적이다. 실질적으로 연금술을 통해 많은 화학 물질이 발견되기도 하였다. 라이프니츠는 이 협회에 가입하기 위해서 지금까지 배운 수학과 논리학을 중심으로 화학과 물리적인 기호를 사용하여 금을 만드는 방법을 생각하고 계획한 기획안과 함께 입회 서류를 제출한다.

"라이프니츠는 계획 세우기의 엄청난 신봉자였다. 그는 아마도 역사상 가장 위대한 다중 작업자의 한 명이자, 많은 문제를 단칼에 해결하기의 대가로 인정받아야만 할 것이다. 그가 젊은 시절에 꿈

꾼 정치적 구상들에서 입증해 보인 탄력과 정력 그리고 고삐 풀린
낙관론은 일생 동안 그와 함께하게 된다."   •왜, 89쪽

우리가 알고 있는 라이프니츠를 한마디로 표현하면 기획가이다.
기획의 다른 말은 '계획 세우기'이다. 그는 참 많은 것을 기획하였
다. 하지만 라이프니츠가 세운 많은 계획 중에는 실질적으로 이루
어지지 않은 것이 더 많다. 연금술협회에 가입하기 위해서 라이프
니츠는 역시 기획안을 작성하였다. 그가 기획한 안에 따라 금이 만
들어질 리는 없지만, 분명히 한 가지는 성공을 거두었다. 즉 이 기획
안은 미래에 펼쳐질 그의 화려한 정치 생활에 큰 힘이 될 디딤돌과
같은 사람의 눈에 확 들어왔기 때문이다. 그 사람이 바로 보이네부
르크 남작이다.

보이네부르크의 아버지(Johann Berthold von Boineburg-Lengsfeld,
?-1640)는 작센-아이제나허Sachsen-Eisenacher 지역의 추밀고문관
Geheimrat 겸 총리궁내대신Oberhofmarschall이었다. 보이네부르크는
1648년 결혼하여 필리프 빌헬름Philipp Wilhelm(1656-1717)을 비롯하여
모두 아홉 자녀를 둔다. 라이프니츠는 바로 이 필리프 빌헬름과 함
께 파리에서 생활하면서 많은 사상가와 교류하게 된다.

보이네부르크는 스웨덴 특사 생활을 마친 다음 1650년부터 마인
츠 선제후의 추밀고문관 겸 총리대신erster Minister을 지냈다. 1656년
가톨릭으로 개종한 보이네부르크는 1658년 레오폴트 1세Leopold I
(1640-1705)가 신성 로마 제국의 황제가 되는데 크게 기여하였다. 예

수회에서는 보이네부르크를 의심하여 체포하였지만, 곧 석방된다. 이 사건으로 보이네부르크는 마인츠에서 아무런 직책 없이 프랑크푸르트에서 살면서 뉘른베르크 연금술협회에 자주 들리곤 했다. 이렇게 해서 젊은 라이프니츠는 권력의 중심에 서 있던 보이네부르크와 함께하게 된 것이다.

라이프니츠는 보이네부르크의 마음을 잡을 뿐 아니라 자신이 정치 세계로 들어갈 수 있는 확실한 기획안을 남긴다. 1569년 폴란드 왕국과 리투아니아 대공국은 힘을 합쳐 폴란드 리투아니아 연방공화국을 세운다. 1668년 러시아와 스웨덴을 상대로 국경 확장에 실패한 얀 2세Jan II Kazimierz Waza(1609-1672)는 퇴위하고 프랑스로 망명한다. 이후 왕위는 1년 가까이 비어 있게 된다. 보이네부르크는 이 자리에 독일 귀족을 앉히기 위해 라이프니츠에게 기획안을 부탁한다.

라이프니츠는 그의 능력을 십분 발휘하여 일반적인 기획안이 아닌 기하학적인 문서를 작성한다. 두 사람은 기획안의 이름을 라이프니츠 "이름의 머리글자를 갖고 장난을 쳐서 게오르기우스 우리코비우스 리투아누스Georgius Ulicovius Lithuanus라" 했다. 보이네부르크의 계획은 이루어지지 않았지만 라이프니츠의 이름이 정치권에 오르내리는 계기가 되었다. 라이프니츠는 자신이 원했던 뜻은 이루지 못했지만 지금의 카를스루에Karlsruhe를 중심으로 자리한 "두를라흐Durlach 제후나 하노버 공작 같은 귀족들이 그 젊은이의 정치적인 총기와 임기응변의 능력을 전해 듣고 그를 자기네 궁정의 신하 자리에 앉히고 싶어 안달이 났던 것"은 분명한 사실이었다(왜, 85쪽).

보이네부르크의 계획과 라이프니츠의 기획안은 실패로 끝났지만 1670년 라이프니츠와 보이네부르크에게 기회가 왔다. 마인츠 선제후 쇤보른이 보이네부르크를 다시 불렀기 때문이다. 이때 보이네부르크는 라이프니츠에게 자신의 큰아들 필리프 빌헬름의 가정교사 자리를 제의하였다. 그러나 라이프니츠의 대망은 보이네부르크로 만족하지 않았다. 뉘른베르크에서 그러했듯이 라이프니츠에게 이는 보이네부르크를 발판 삼아 또 한 단계 자신의 꿈을 높이는 그야말로 절호의 기회였다. 이렇게 해서 라이프니츠는 마인츠 선제후 쇤보른의 눈에 띄게 되어 권력의 핵심으로 프랑크푸르트 생활을 시작한다.

　2년 후인 1672년 3월 라이프니츠는 공식적으로는 이집트 원정 계획이라는 기획안과 필리프 빌헬름과 함께 파리로 향한다. 보이네부르크는 이미 마인츠 선제후 쇤보른의 가장 믿을 만한 사람이었다. 하지만 보이네부르크의 권력도 여기서 끝난다. 1672년 12월 갑작스럽게 보이네부르크가 세상을 떠났기 때문이다. 라이프니츠의 상실감은 요한 프리드리히에게 보낸 1673년 3월 26일 자 편지에 잘 나타나 있다. 이 편지에서 라이프니츠는 보이네부르크의 죽음이야말로 교회뿐 아니라 조국에게도 큰 손실이라는 것을 모든 사람이 다 알 것이라고 하였다. 라이프니츠의 입장을 우리는 충분히 읽을 수 있다.

4) 권력의 핵심 쇤보른과의 만남

보이네부르크의 죽음에도 불구하고 라이프니츠에게는 다행히 아직 쇤보른이라는 든든한 후원자가 남아 있었다.

요한 필리프 쇤보른은 오늘날까지 독일의 한 귀족 가문 중 하나인 마인츠 쇤보른 선제후국의 가문에서 태어났다. 어머니 바바라 Barbara von der Leyen는 모젤을 중심으로 하는 귀족 가문 라이엔 출신이다. 쇤보른 가문은 13세기부터 라인강의 한 지류로 코블렌츠로 흘러드는 란강die Lahn을 중심으로 그 세력을 팽창하였고 16세기부터는 독일의 프로테스탄트주의를 이끌 만한 힘을 갖게 되었다. 이런 점에서 볼 때 요한 필리프는 프로테스탄트 세례를 받았을 것이다. 하지만 어머니의 영향으로 가톨릭으로 개종하였다. 라이프니츠가 새로운 세계를 위해 선택한 쇤보른은 1647년부터 마인츠 선제후이며 마인츠 대주교Erzbischof를 겸하며 그 명성을 알렸다.

쇤보른은 일찍부터 바일부르크Weilburg와 마인츠예수회대학교, 프랑스의 오를레잉Orléans과 이탈리아 시에나Siena에서 법학을 전공하였다.

쇤보른은 1621년 16살의 젊은 나이에 뷔르츠부르크Würzburg 주교좌성당 참사회원Domherr[20]과 마인츠와 뷔르츠부르크 주교좌성당의 요직을 거치면서 가톨릭의 정신적인 엘리트 역할을 담당하였다. 특

---

[20] Domiceller라고도 한다.

히 쉰보른은 예수회 소속 폰 랑엔펠트Friedrich Spee von Langenfeld(1591-1635)의 영향을 많이 받았다. 랑엔펠트는 1631년 발표한 저서 『법적 불확실성 혹은 마녀심판에 대한 올바른 생각Cautio criminalis seu de processibus contra Sagas Liber』에서 17세기 만연했던 마녀사냥 제도에 대해 비판을 하였다.

랑엔펠트의 영향을 받은 쉰보른은 자신이 선제후로 있는 지역에서 마녀사냥을 금지함으로써 신성 로마 제국 최초의 마녀사냥 금지 선제후가 되었다. 뿐만 아니라 쉰보른은 1642년부터 뷔르츠부르크 후작주교Fürstbischof, 1663년부터는 보름스의 주교를 겸하면서 수도원들 사이에서 생기는 사제 임명이나 수도원 부지 경계에 대한 문제를 해결할 수 있는 좋은 기회를 얻었다. 특히 수도원마다 조금씩 다른 전례 행사, 행렬, 성체 제도 등을 바로크식으로 바꿀 것을 권장하였고 사제관과 궁중 안에 고아원을 설치하였다. 이런 제도는 귀족, 사제, 그리고 일반인이 위기상황에 빠졌을 때 함께 공존하고 생존하기 위한 수단으로 고안된 것이다. 실질적으로 이 제도에 따라 1666년 전염병이 창궐했을 때 수도원과 궁중 안으로 일반인이 피신할 수 있는 은신처를 제공하여 많은 일반인이 생명을 구하기도 하였다.

종교적으로 쉰보른은 아주 관대한 선제후로 알려져 있다. 특히 개신교도에게 관대했던 그는 궁중에서 개신교의 세례와 예배를 허용하는 것은 물론이고 많은 개신교 학자나 연구자도 머물게 허락하였다. 그중에 가장 대표적인 인물이 바로 루터파 개신교도인 라이프니츠이다.

라이프니츠는 보이네부르크와 함께 마인츠로 향할 때 쇤보른에게 한 권의 저서 『법학을 배우고 가르치는 새로운 방법Nova methodus discendae docendaeque jurisprudentiae』을 헌정한다. 쇤보른은 바로 라이프니츠를 자신의 법률고문으로 임명하였을 뿐 아니라 오늘날 대법관에 해당되는 지위를 허락하였다. 라이프니츠는 쇤보른으로부터 받은 고마움을 역시 기획안으로 보답한다. 이 기획안은 우리가 너무나 잘 알고 있는 이집트 공격에 관한 기획안이며, 이로 인해 라이프니츠의 파리 생활이 시작된다.

이후 라이프니츠는 외교관 생활을 통해 유럽의 많은 사상가와 접하게 되었고, 그의 학문과 철학에 큰 도움이 되었음을 우리는 너무나 잘 알고 있다. 이 모든 것이 바로 쇤보른과의 만남으로 가능하였다.

5) 권력을 쥐어 준 소피 모녀와의 만남

독일 제국을 설명할 때 빠지지 않는 것이 있다. 그것은 바로 프로이센이다. 뿐만 아니라 유럽사를 설명할 때 가장 경이로운 단어도 프로이센이다. 제국의 한 왕국이 제국을 통일하여 제국을 건설한 왕국은 프로이센뿐이기 때문이다. 왕국 프로이센을 제국 프로이센으로 만드는 데 조금이나마 기틀을 마련해 준 철학자가 있다면 바로 라이프니츠라고 할 수 있을 것이다. 그리고 라이프니츠가 이런 일을 할 수 있었던 것은 바로 소피 왕비와 소피 샤를로테 공주 덕분일 것이다. 이 만남은 라이프니츠의 손에 권력을 쥐어 준 아주 중요한 사건이라 할 수 있을 것이다.

스코틀랜드의 제임스 1세James I(1566-1625)는 엘리자베스 1세의 서거 후 증손 자격으로 잉글랜드의 왕에 오른다. 오늘날 영국 왕실은 독일의 하노버가와 영국의 윈저가의 후손으로 제임스 1세의 딸 엘리자베스 스튜어트Elizabeth Stuart(1596-1662)의 후손이다. 팔츠의 선제후 프리드리히 5세와 결혼하여 독일의 하이델베르크와 네덜란드의 헤이그에서 생활한 그녀는 12번째로 딸 소피를 얻는다. 소피는 1658년 결혼하여 일곱 명의 자식을 낳았는데 첫째 아들 게오르크 루트비히는 영국의 조지 1세가 되어 즉위하였고, 넷째이며 외동딸인 소피 샤를로테는 프로이센의 프리드리히 1세의 왕비가 된다.

자신의 자녀를 영국의 왕과 프로이센의 왕비로 성장시킨 이 소피가 가장 큰 관심을 두었던 학문이 바로 철학이다. 라이프니츠는 1672년 쉰보른과 보이네부르크의 도움으로 이집트 정벌 기획안을 갖고 루이 14세를 만나기 위해서 3월 파리로 출발한다. 이 기획안은 실패로 끝났지만 라이프니츠는 파리의 문화에 빠져 그곳에 머문다. 파리에 머물면서 라이프니츠는 외교관으로서 1673년부터 런던을 방문하고 그곳 왕립학회 회원이 되기도 한다. 1676년 하노버 공작 궁중 도서관 사서로 임명된 라이프니츠는 하노버로 돌아가는 길에 헤이그에서 스피노자와의 역사적인 만남을 성사시킨다.

헤이그에서 태어난 소피가 2살 때 아버지가 죽자 어머니는 소피 남매를 네덜란드 레이던에 있는 귀족 집안에 교육을 의탁하였다. 그곳에서 왕실 생활을 배운 소피 남매는 독일어, 네덜란드어, 프랑스어 그리고 영어를 능통하게 구사할 수 있었다. 소피는 나중에 영국의 찰스 2세가 되는 사촌과 결혼하려 했지만 실패하고 오빠 카를 1세가 팔츠의 선제후가 되어 하이델베르크로 거주지를 옮기면서 함께 이사하여 결혼하기 전까지 그곳에서 살았다.

소피는 원래 에른스트 아우구스트의 둘째 형인 게오르크 빌헬름과 약혼했지만, 게오르크 빌헬름이 병을 얻어 치료하는 동안 에른스트 아우구스트와 결혼하게 된다. 그리고 에른스트 아우구스트는 셋째 형이었던 요한 프리드리히와 권력을 나누어 갖고 있었다. 라이프니츠도 요한 프리드리히 편에 서 있었다. 여기서 라이프니츠의 기획안은 다시 빛을 발한다. 요한 프리드리히는 제3차 네이메헌 평화회의에 자신이 독일의 선제후와 동일한 자격으로 참석하기를 원했기 때문에 라이프니츠는 그 정당성을 기획안으로 작성하여 보냈던 것이다. 물론 이 기획안도 결국 실패로 끝나고 만다.

요한 프리드리히의 죽음은 곧 에른스트 아우구스트에겐 기회였다. 라이프니츠는 요한 프리드리히의 뜻에 따라 벨펜가와 하노버가의 모든 자료를 구입하였고 정리한 상태였다. 요한 프리드리히의 죽음과 함께 라이프니츠가 정리한 모든 자료는 에른스트 아우구스트의 몫이 되고 만다. 소피의 전폭적인 지원과 에른스트 아우구스트의 야심은 하르츠 은광 개발까지 이어진다.

은광 개발의 실패와 뒤이은 에른스트 아우구스트의 죽음은 라이프니츠에게는 또 다른 충격이었다. 하지만 소피는 프로이센의 초대 왕이 된 프리드리히 1세의 부인인 딸 소피 샤를로테에게 부탁하여 라이프니츠를 베를린학술원 원장으로 취임하게 도와준다. 이렇게 라이프니츠는 1700년 베를린학술원 초대 원장이 되어 베를린으로 이사하게 된다. 베를린으로 옮긴 라이프니츠는 소피 대신 그녀의 딸 소피 샤를로테의 도움을 받게 된다.

소피 샤를로테 역시 어머니 소피 못지않게 라이프니츠의 철학에 푹 빠져 있던 교양 있고 총명한 여성이었다. 소피의 외동딸 소피 샤를로테는 1684년 첫 번째 아내와 사별한 프리드리히와 결혼한다. 쾨니히스베르크에서 태어난 프리드리히는 1688년 프리드리히 3세로 브란덴부르크의 선제후가 되었고, 1701년 프리드리히 1세로 쾨니히스베르크에서 프로이센의 국왕으로 즉위한 다음 베를린으로 왕궁을 옮겨 본격적인 프로이센 제국 건설의 기틀을 마련한다.

소피 샤를로테는 철학을 비롯한 여러 학문뿐 아니라 예술에도 관심이 많아, 라이프니츠뿐 아니라 여러 학자와 예술가를 후원한 왕비로도 유명하다. 1700년 소피 샤를로테는 이미 프리드리히에게 베를린학술원을 창립할 것을 건의했고 원장으로 라이프니츠를 원했다고 한다. 그녀의 계획에는 선제후인 남편이 프로이센 국왕으로 즉위할 것과 베를린으로 옮길 것까지도 들어 있었는지 모른다.

사실 소피는 소피 샤를로테를 프랑스의 루이 14세와 결혼시킬 계획을 갖고 있었다. 그래서 두 사람은 1679년 프랑스 정원 디자인을 견학한다는 이유로 여행길에 오른다. 하지만 두 나라의 종교 문제로 결혼은 이루어지지 않는다. 소피 샤를로테는 프로테스탄트 신자였지만 종교적으로는 어느 정도 자유롭게 성장했다. 하지만 프랑스에서는 가톨릭 신자로 왕비 후보를 정했기 때문이다.

프리드리히와 결혼한 소피 샤를로테의 결혼 생활은 순탄치 못했다. 귀족 중에서도 상위층에 속해 있던 프리드리히의 의사 일정이 너무 빡빡한 것이 이유였다. 두 사람은 세 명의 자녀를 두었지만 나중에 프로이센의 프리드리히 빌헬름 1세가 된 둘째만 살아남았다. 두 사람의 관계가 좋지 않았다는 것을 보여 주는 단적인 증거가 바로 베를린의 샤를로테부르크성Schloss Charlottenburg이다. 이 성은 외적으로는 프로이센 왕가의 여름 별장이지만 실질적으로는 소피 샤를로테를 위한 성이었고, 영구적인 생활거주지였다. 프리드리히 1세는 생일이나 선제후의 즉위식 혹은 특별히 소피 샤를로테의 초대를 받는 것을 제외하고는 이 성에 들어올 수 없었다고 한다. 프리드리히 부부의 관계는 좋지 않았지만, 프리드리히 1세는 국제적인 프로이센 왕실의 존엄성과 위엄성을 과시하기 위해서 하노버 왕조를 중심으로 한 소피 샤를로테의 영화와 명성을 높이는 작업을 게을리하지 않았다.

소피 샤를로테는 쾨니히스베르크에 머물면서 어머니 소피처럼 여러 사상가와 가까이하였다. 그중 가장 대표적인 철학자가 바로 라이프니츠이다. 이때 소피 샤를로테는 이미 베를린학술원을 위해 라이프니츠를 비롯하여 여러 사람과 의견을 나누고 토론을 하였다. 결국 베를린학술원은 1700년 창설되었다. 이후 1704년에 저서 『신

인간지성론Nouveaux Essais sur L'entendement humain」[21]이 출판된다. 안정된 라이프니츠의 삶을 보여 주는 좋은 예이다.

하지만 소피 샤를로테는 37살의 젊은 나이로 1705년 일찍 죽고 만다. 두 사람은 진지한 대화를 나누기를 좋아했고, 왕비의 정신이 나 인간성은 어느 누구보다 뛰어났다. 특히 지식에 대한 충동이 강 했기 때문에 백성들에게 큰 도움을 줄 수 있을 것이라고 라이프니츠 는 믿고 있었다. 그만큼 라이프니츠는 소피 샤를로테에 대한 기대 가 컸다.

이렇게 라이프니츠가 만난 인물은 스피노자와 다르게 모두 정치 적으로 중요한 위치에 있던 사람들이다. 어쩌면 라이프니츠의 관심 이 철학이 아니라 정치와 외교였기 때문에 그런 인물을 중심으로 만 났을 수도 있다. 하지만 우리가 여기서 간과하지 말아야 할 것은 소 위 말하는 라이프니츠의 기획안이다. 라이프니츠의 기획안은 의도 치 않게 모두 실패로 끝나고 만다. 그래서 라이프니츠는 철학자로 남기를 원했는지도 모르겠다.

---

[21] 독일어로는 Neue Abhandlungen über den menschlichen Verstand이다.

제4장

스피노자와 라이프니츠의 실체 개념

frenemy

1

『윤리학』에 나타난 스피노자의 실체

스피노자가 『윤리학』을 '정의', '공리', '정리', 혹은 '증명' 등과 같은 수학적 용어를 사용하여 기하학적인 방법으로 서술한 것을 모르는 사람은 없다. 그래서 많은 사람들은 이 저서를 쉽게 접하지 못한다. 다행히 스피노자는 『윤리학』에 간접적인 정의 방법이 아닌 직접적인 정의 방법을 사용하였기 때문에 수학이니 기하학이니 하는 번거로운 생각을 버리면 보다 쉽게 접근할 수 있다.

『윤리학』의 주제는 우리가 알고 있는 것처럼 '신'이다. 하지만 이 저서는 1부만 제외하고 나머지는 다른 제목으로 되어 있다. 그래서 자칫 부마다 다른 주제라고 생각할 수도 있다. 고대 그리스부터 지금까지 모든 철학자는 각각 다른 주제를 갖고 철학을 했다. 스피노자 철학의 주제는 분명 신이기에 『윤리학』의 주제도 역시 신이다.

스피노자에게 있어서 신이 무엇인지를 알려면 그의 저서 모두를 섭렵해야겠지만 제목이 보여 주듯 『윤리학』 1부 《신에 대하여》만으로도 충분하다. 그런데 왜 스피노자는 이 저서를 출판하지 못했을까? 그리고 이 책의 집필이 끝나고 출판을 시도할 때, 왜 무신론자가 신이 없다는 것을 증명한 책을 출판하려 한다는 소문이 암스테르담에 돌았을까?

철학의 주제 중에서 가장 많이 다루어지고 어려운 주제는 역시 신이다. 하지만 17세기 합리주의자에게 있어서 신은 어려운 주제라기보다는 까다로운 주제였다. 그런데 스피노자는 이 까다로운 주제를 자신의 관점에서 다루었기 때문이다. 결론적으로 말하면 스피노자에게 신은 곧 실체이며 자연이다. 그리고 나머지 피조물은 모두 양태다. 또 인간이라는 피조물은 전혀 자유롭지 못하지만, 그래도 다른 피조물에 비해서는 자유롭다. 뒤의 두 가지는 전혀 문제가 없다. 그런데 첫 번째, 즉 신은 실체이고 자연이라는 것이 문제다. 더 나아가 신이 곧 자연이라는 스피노자의 주장이 문제가 된 것이다.

"그(스피노자)는 신이 자연 전체라고 말하는 것인가? 신은 단지 자연의 어떤 보편적 측면일 뿐인가? 신은 어떤 신비주의자들이 주장할 법한 것처럼 어떤 식으로든 자연 안에 감추어져 있지만, 그럼에도 자연과 구별되는가? 스피노자의 신봉자와 비판자 모두, 스피노자가 제시한 철학이 자연에 지나지 않는 것으로 격하된 신을 이용하여 우회적으로 무신론을 주장한 것인지, 아니면 서양 철학에

서 가장 신앙심 깊은 유신론을 … 주장한 것인지, 유달리 규정하기
어렵다는 것을 알았던 것 같다." •읽다, 101-102쪽

이렇게 당시 정치가, 성직자, 혹은 사상가는 자신의 신앙과 철학
적 생각에 따라 스피노자를 유신론자 혹은 무신론자로 지칭했다.
이 모든 것은 『윤리학』 1부에서 신에 대한 스피노자의 생각을 어떻
게 이해하고 읽느냐에 달렸음을 우리는 잘 알고 있다.

분명한 것은 『윤리학』 1부에서 스피노자는 신은 유일하고 무한하
며 자기원인으로 필연적으로 실존하는 우주의 실체임을 증명하고
있다는 점이다. 그리고 이 우주 안에는 단 하나의 실체뿐임을 강조
한다. 그 실체야말로 곧 신이다. 또 그 실체로부터 나온 모든 양태는
신 안에 있다. 많은 스피노자 연구자는 『윤리학』 1부에서 스피노자
의 신 존재 증명을 얘기하기도 한다. 따라서 이 모든 것이 증명되면
스피노자의 신이 무엇인지 알 수 있을 것이다. 이를 위해 가장 먼저
설명되어야 할 것은 실체Substanz와 양태modus 개념이다.

1) 존재론적 개념으로서 '실체와 양태'

스피노자는 『윤리학』 1부, 「정의」 3에서 실체를 다음과 같이 정의
하고 있다.

"나는 실체란 자신 안에 있으며 자신에 의하여 생각되는 것이라

고 이해한다. 즉 실체는 그것의 개념을 형성하기 위하여 다른 것의
개념을 필요로 하지 않는 것이다." •『에티카』, 19쪽

일반적으로 실체의 의미는 개개의 실재를 의미한다. 그리고 하나
의 실체는 여러 가지 속성Attribut을 갖고 있고, 개개의 실재에 속한
속성은 다른 실재의 속성이 될 수 없다. 즉 실체의 속성은 변해도 실
체 자체는 결코 변하지 않는 것이다. 그런데 스피노자는 이 실체가
"자신 안에" 있고 "자신에 의해서 생각"되는 것이라고 한다. "자신 안
에 있다"라는 것은 자존성이며 개개의 실재이다. 이는 실체가 신이
라는 대전제에서 볼 때 비판의 여지가 남는다. 하지만 일반적으로
개개 실재의 속성은 다른 실재의 속성이 될 수 없다. 그렇다면 실체
는 결코 다른 실체가 될 수 없는 것이다. 바로 여기서 스피노자는 신
이 곧 실체라는 것을 설명하기 위해서 「정의」 4에서 속성을 설명한
다. 즉 "나는 속성이란 지성이 실체에 관하여 실체의 본질을 구성하
고 있다고 지각하는 것으로 이해한다"(『에티카』, 20쪽).

개개의 실재가 갖고 있는 가장 일반적인 본성이 곧 속성이다. 그
렇기 때문에 각각의 실체는 서로 다른 속성을 갖고 있다. 스피노자
는 「정리」 2에서 "서로 다른 속성을 소유하는 두 실체는 서로 간에
공통되는 어떤 것도 갖지 않는다"라고 했다(『에티카』, 22쪽). 실체는 이
렇게 개개 실재로 존재하며, 그 실재는 서로 다른 속성을 갖게 된다.
다른 속성으로 구별되는 개개 실재를 스피노자는 양태로 나눈다.
즉 스피노자는 「정의」 5에서 "양태를 실체의 변용"으로 설명한다.

그리고 「정리」 4에서는 둘 이상의 개개의 사물은 "실체의 여러 가지 속성 또는 실체의 여러 가지 변용에 의해서 구별"된다고 함으로써 개개의 실재와 실체가 다름을 설명하고 있다. 이런 관점에서 실체와 실체의 속성은 같은 것이며, 실체에서 변용된 양태는 개개의 실재임을 알 수 있다.

스피노자에게 있어서 "'실체'와 '속성'이라는 말"은 "'이스라엘'과 '야곱'이라는 이름이 성경에 등장하는 동일 인물과 관련되는 것처럼, 동일한 실재의 두 이름"인 것이다(읽다, 108쪽). 예를 들어서 어떤 사람이 피곤할 때와 건강할 때 얼굴이나 몸의 상태는 다르지만 그 사람의 속성이 변한 것은 아니기 때문에 같은 사람임에 틀림없다. 이런 관점에서 스피노자의 실체와 실체의 속성은 같은 것이다. 실체와 실체의 속성을 동일한 것으로 본다면 실체가 개개의 실재이기 때문에 속성도 개개의 실재가 되어야 한다.

문제는 스피노자가 "속성이란 지성이 실체에 관하여 실체의 본질을 구성하고 있다고 지각하는 것"이라고 정의한 부분이다. 즉 "속성을 실재하는 실재나 본성 그 자체가 아닌, 실재를 지각하는 방식에 지나지 않는 것"으로 볼 수도 있다는 주장이다. 따라서 "속성은 세계의 실재적 측면이지 그것에 대한 단순한 개념적 투사"가 아니며, "이러한 실재론적 설명에서 자연 안에 있는 실재들은 그것들의 서로 다른 본성에 의해 실제로 구분"되기 마련이다(읽다, 109쪽).

이렇게 스피노자에게 있어서 실체와 속성은 결국 개개의 실재라는 존재적인 문제로 접근이 가능하다. 그런데 스피노자는 신이 곧 실체라고 주장한다. 이런 관점에서 스피노자의 신이나 실체 문제는 존재론적인 문제로 접근이 가능하다. 이를 우리는 『윤리학』 1부, 「공리」 1과 2에서 충분히 확인할 수 있다. 즉 존재하는 모든 것은 자신에 의해서 존재하거나 다른 것에 의해서 존재하기 때문에 다른 것에 의해서 존재가 파악되지 않으면 자신에 의해서 파악되어야 한다.

스피노자는 실체와 속성만 존재론적으로 접근한 것이 아니다. 『윤리학』에서 중요한 또 하나의 개념인 '양태'도 마찬가지다. 『윤리학』 1부, 「정의」 5에서 스피노자는 "양태를 실체의 변용으로, 또는 다른 것 안에 있으면서 다른 것에 의하여 생각되는 것"으로 이해하고 있다. 스피노자의 실체와 속성을 우리가 어떻게 이해하든 그렇게 중요하지 않다. 스피노자는 단지 『윤리학』 1부, 「정의」에서 먼저 실체란 다른 것에 전혀 의존하지 않는 "자기원인Ursache seiner selbst"이라고 주장한다. 그리고 실체로서 자기원인의 본질은 분명히 존재를 포함하고 있으며, 자기원인의 본성은 존재한다고 했다. 실체는 자신에 의해서 생각되기 때문에 우리가 실체를 설명하려고 다른 개념을 사용할 필요도 없다. 바로 이런 관점에서 자기원인으로서 실체는 자유롭고 필연적이며 영원한 존재이다.

하지만 '양태'는 실체와 완전히 다르게 설명하고 있다. 실체와 다르게 양태는 자기원인에 의해 자유롭거나 필연적인 존재가 아니다. 그렇기 때문에 다른 것에 의해서 제약을 받는다. 따라서 양태는 실체와 반대로 유한하며 자유롭게 사고하지 못하고 다른 사고에 제약을 받아 한정적이다. 스피노자가 내린 정의에 따르면 '양태'는 결국 개개 실재의 특성과 같은 것이 어떤 실재가 그렇게 존재하고 있다는 것을 규정하는 것과 같다. 이는 곧 개개 실재의 정확한 모양이나 크기를 의미한다. 즉 어떤 사람의 외모나 키, 나이와 성별 등과 같이 정확한 어떤 신체적 조건이 곧 양태이다. 물론 이런 외적인 양태 혹은 신체적 양태가 있는가 하면 내적인 양태도 있다. 개개 실재의 정신 안에 있는 어떤 생각이나 관념은 곧 개개 실재의 내적 혹은 정신적 양태이다.

그래서 스피노자는 "양태를 실체의 변용"이라고 표현한다. 개개 실재의 양태는 그 실재가 다른 실재가 아님을 보여 주는 하나의 특수하고도 규정적인 것이다. 그러므로 양태를 인식하려면 개개 실재의 기저에 놓여 있는 본성이나 속성을 알아야 가능하다.

> "원(또는 둥근 모양으로 연장된 것)이 무엇인지를 인식해야만 공의 둥긂을 이해할 수 있다. 그리고 원과 둥근 모양으로 연장된 것은 연장되었다는 것이 무엇인지, 즉 연장 그 자체가 무엇인지 인식해야만 인식할 수 있다."
>
> •읽다, 109-110쪽

『윤리학』 1부, 「정의」 1에서 "실체는 본성상 자신의 변용에 앞선다"라고 주장한다. 이렇게 '양태' 개념 역시 존재론적인 관점에서 접근이 가능하다. 스피노자가 『윤리학』을 출판하려 할 때 무신론자가 신이 없다는 것을 증명하기 위해 책을 썼다는 소문이 돌게 된 이유를 우리는 쉽게 알 수 있다.

2) 영원성, 무한성, 필연성으로서의 신

스피노자가 '실체와 양태' 개념을 존재론적인 개념으로 설명하려 했는지 아니면, 다른 방법으로 증명하려 했는지, 그것은 스피노자 비판자들의 몫이다. 우리는 실체가 신이라는 스피노자의 관점에서 『윤리학』 1부를 중심으로 '실체'와 '양태' 개념을 살펴봄으로써 답을 쉽게 얻을 수 있다. 실체는 자기 자신 안에 있기에 자신을 통해서만 인식된다. 그리고 실체의 개념은 다른 실체의 개념과 상관없기 때문에 서로 다른 속성을 가진 두 실체는 서로 공통된 어떤 것도 없다. 그렇다면 여러 사물은 어떻게 구별되는가? 서로 다른 여러 사물은 실체의 여러 가지 속성 혹은 실체의 여러 가지 변용에 의해서 구별된다. 존재하는 모든 사물은 자신 안에 혹은 다른 것 안에서 존재한다고 했다. 그러나 지성만은 예외이다. 즉 지성을 제외하고 실체와 실체의 변용 이외에는 아무것도 존재하지 않는다.

실체와 속성의 관계에 관한 설명에서도 스피노자는 「정리」 1에서 5까지 같은 속성을 가진 두 가지 이상의 실체는 없다고 주장한다. 그리고 「정리」 5에서는 자연 안에서는 같은 본성이나 속성을 가진 둘 이상의 실체는 존재하지 않지만, 만약 존재한다면 당연히 속성이나 변용의 차이에 의해서 구별될 수밖에 없다고 스피노자는 주장한다. 그리고 이어서 「정리」 14까지 신이란 무한하고 필연적이며 원인이 없으며 분할 불가능하며, 바로 이런 신이야말로 유일한 실체라고 주장한다.

이어서 스피노자는 「정리」 6에서 11까지 실체의 무한한 속성에 관한 설명을 한다. 자연 안에는 같은 속성을 가진 실체가 없고 자연 안에는 실체와 실체의 변용밖에 없기 때문에 하나의 실체는 결코 다른 실체에서 나올 수 없다. 그렇기 때문에 실체는 다른 실체의 원인이 아니며, 실체에서 다른 실체가 생겨날 수도 없다. 이렇게 실체는 실체의 원인이 아니고, 다른 실체를 산출할 수 없기 때문에 실체는 곧 자기원인이다. 무한한 속성을 가지고 자기원인을 가진 실체가 곧 신이다.

무한성의 문제는 「정리」 8과 9에서 다루고 있다. 결론부터 말하면 모든 실체는 필연적으로 무한하다. 같은 속성을 가진 실체는 하나밖에 없다. 존재의 본질은 유한하거나 무한하다. 그런데 실체의 본질에는 존재가 포함되어 있다. 결국 존재를 포함한 실체는 본성적으로 존재의 본질처럼 유한하거나 무한해야 한다. 만약 실체가 본성적으로 유한하면 같은 본성을 가진 다른 실체도 필연적으로 존재하게 된다. 그러면 같은 본성을 가진 실체는 둘 이상이 되어 서로를 제한하기 때문에 불가능하다. 그래서 실체는 무한할 수밖에 없다.

실체의 원인설은 「정리」 7에서 다루어진다. 우리는 실체가 어떻게 산출되는지 모른다. 그래서 우리는 실체 자체와 실체의 변용 혹은 실체의 산출을 구별하지 못한다. 뿐만 아니라 우리는 최초의 자연물에서 최초의 실체를 유추하기도 한다. 더 큰 문제는 실체에서 산출된 개개 실재가 왜 존재하게 되었는지 분명하고 참된 원인도 모른다는 것이다. 그래서 자연물이 사람처럼 얘기한다고 상상하거나, 인간이 알이나 식물의 씨앗에서 생겨났다고 믿으며, 어떤 형상이 변하여 다른 형상이 된다고도 생각한다. 스피노자는 그 이유를 신의 본성과 인간의 본성을 구별하지 못하는 것에 원인이 있다고 본다. 인간은 인간 정신으로 신의 정신과 다른 자연물을 유추한다. 하지만 실체는 그렇지 않다. 인간의 정신은 신의 정신에서 나온 것이다. 스피노자는 「정리」 7에서 "실체의 본성에는 존재가 속한다"라고 함으로써 인간의 정신에서 신의 정신을 유추하는 것이 아니라 반대로 신의 정신에서 인간의 정신을 유추해야 함을 강조하고 있다. 그렇기 때문에 실체는 인간이나 자연물처럼 어떤 것의 원인이 아니다. 스피노자는 바로 이런 측면에서 하나의 실체만이 존재하며, 모든 속성과 본성이 포함되어 있는 이 하나의 실체는 무한하다고 주장한다. 이 "실체가 필연적으로 무한하다"(『윤리학』 1부, 「정리」 8)라는 것은 유한한 자연물을 뛰어넘는 그야말로 절대적 무한성이다.

실체에도 속성이 있기 때문에 실체에서 나온 개개 실재는 당연히 속성을 갖는다. 모든 존재가 속성을 갖는 이유는 실체에도 속성이 있기 때문이다. 그러나 실체와 실체에서 나온 개개 실재가 속성이 같으면 둘은 구별되지 않는다. 그 차이는 연장과 사유의 속성에 있다. 개개의 실재는 시간과 공간 속에 연장을 가질 수밖에 없고, 모든 개개 실재는 아닐지라도 최소한 인간이라는 개개 실재는 사유의 속성을 뺄 수가 없다. 이 둘의 구별은 결국 필연성, 영원성, 무한성이라는 속성으로 구별된다.

이미 1부의 「정의」에서 스피노자는 영원성과 필연성은 실체의 속성임을 분명히 설명하고 있다. 그리고 「정리」 8에서 절대적 무한성을 설명하고 있다. 절대적 무한성이라는 속성은 결코 유한한 자연물의 속성이 될 수 없다. 그러므로 절대적 무한성이란 속성은 무한한 존재의 속성이 되어야 한다. 바로 이런 영원하고 필연적이며 무한한 속성을 가진 존재는 사물의 자연 안에 하나만 존재하며, 그것이 바로 실체라고 스피노자는 주장한다. 안타깝게도 이 실체는 자연 안에 하나뿐이기 때문에 이 실체의 속성을 파악할 수 있는 것도 실체 하나뿐이다. 그래서 스피노자는 「정리」 10에서 "실체의 각 속성은 그 자체를 통해서만 파악된다"라고 주장한다.

3) 신 즉 자연

'신 또는 실체'에서 '신 즉 실체'를 유추하는 것은 지나칠 수 있다. 심지어 '신 혹은 자연'에서 '신 즉 자연'을 유추하는 것은 더 심각한 상황이 될 수 있다. 오늘날까지도 종교적으로 신과 자연은 분명 구별된다. 즉 창조주와 피조물이라는 관점에서 신과 자연은 엄연히 격이 다르다. 즉 신은 창조의 주체이고 자연은 피조물에 불과하기 때문에 우월성으로도 다르다.

그럼에도 불구하고 스피노자는 '신 혹은 자연'이라 하였고, 많은 사람은 이것을 '신 즉 자연'으로 이해한다. 그 이유를 우리는 스피노자의 생산하는 자연能産的 自然, natura naturans과 생산된 자연所産的 自然, natura naturata에서 찾아보자. "모든 존재는 신 안에 있으며, 신 없이는 어떤 존재도 있을 수 없으며 파악할 수 없다"는 「정리」 15에서 조금은 성급하지만 자연과 신이 같다는 스피노자의 생각을 알 수 있다.

이런 스피노자의 생각은 「정리」 29에서 분명해진다. 이 「정리」 29에서 스피노자는 자신의 중요한 이론 두 가지를 주장하고 있다. 하나는 '능산적 자연과 소산적 자연'에 관한 이론이고, 다른 하나는 '결정론적 세계관' 이론이다. 능산적 자연과 소산적 자연의 이론은 「정리」 29의 주석에서 주로 설명되고 있다. 자연을 구성하는 개개 실재의 본성에는 우연적으로 주어진 어떤 것도 없다. 그리고 이 자연물 모두는 일정한 방식으로 존재하게끔 신의 본성에 의해서 필연적으로 정해져 있다. 모든 자연물의 본성에는 어떤 우연적인 것은 없고 신 안에 존재하기 때문에 신은 필연적으로 존재한다. 그렇기 때문에 신적 본성의 양태도 당연히 필연적이다. 신적 본성이 우연성이 아닌 필연성이라는 점에서 스피노자는 신의 능동성을 얘기한다.

자연 속의 개개 실재는 신의 본성을 가진 양태이기 때문에 우연적으로 결정되지도 않지만, 우연적으로 결정되는 것도 불가능하다. 그리고 실재가 신의 본성에 의해서 생겨난 양태이기 때문에 신의 본성 이외 다른 것이 원인이거나 규정되는 것도 불가능하다. 바로 여기서 스피노자는 '능산적 자연'과 '소산적 자연'을 구별한다. 능산적 자연은 실체의 속성인 영원성, 무한성, 자기원인성을 갖는 신과 같다. 바로 이런 스피노자의 주장에서 우리는 '신 혹은 자연', 즉 '신 즉 자연'의 개념을 찾는다. 반면 소산적 자연은 신의 본성이나 신의 각 속성으로부터 필연적으로 생산되는 자연 속의 모든 개개 실재를 의미한다. 이런 관점에서 소산적 자연은 신 안에만 존재하고, 신이 없다면 존재하지도 않고 생각되지도 않는 모든 양태이다.

스피노자의 이런 '신 혹은 자연'의 주장에 많은 연구자는 인과론 때문에 의문을 제기한다. 스피노자는 신의 본성에서 자연 개개의 실재가 산출된다고 주장하고, 이를 능산적 자연과 소산적 자연으로 표현했다. 신의 본성이나 능산적 자연을 자연물의 원인으로 하여 자연 개개의 실재와 소산적 자연이 산출되는 것으로 볼 수 있기 때문이다. 뿐만 아니라 바로 이런 관점에서 능산적 자연은 창조주 신으로, 소산적 자연은 피조물 자연으로 보여지기도 하기 때문이다. 스피노자도 이를 의식하였기 때문에 '신 혹은 자연'이란 표현을 한 것 같다. 만약 신과 자연이 동일하다면 창조와 피조물의 관계가 성립되지 않기 때문이다. 하지만 스피노자 연구자나 그의 비판자는 동일성 자체에 의문을 갖고 이 문제를 인과론으로 주장하거나 비판한다.

스피노자 역시 이 문제가 제기될 것을 의식하였는지「정리」29의 주석에서 이 문제를 좀 더 세밀하게 설명하고 있다. 즉 능산적 자연은 "그 자체 안에 존재하며 그 자신에 의하여 파악되는 것, 아니면 영원하고 무한한 본질을 표현하는 실체의 속성, 곧 자유로운 원인으로 고찰되는 신으로 이해하지 않으면 안 된다"(『에티카』, 58쪽)라고 분명하게 능산적 자연은 신이라고 설명하고 있다.

이를 보다 구체화시키기 위해서「정리」24와 25를 살펴보자. 이 내용을 「정리」 24, 25와 비교해 보면, 보다 확실하게 스피노자의 생각을 찾아볼 수 있다. 신은 자연 속의 개개 실재가 존재하기 시작하는 원인이면서 그렇게 존재하게 하는 원인이다. 곧 신은 "모든 사물의 존재 원인Seinsursache der Dinge"(『윤리학』 1부, 「정리」 24, 〈보충〉)이다. 개개 사물이 사연 속에 존재하는 것은 사물의 본질이 원인이 아니라, 신의 본성이 개개 실재의 본질 속에 있기 때문이다. 즉 개개 실재의 존재 유무는 신의 본성이 그 원인이다.

그리고 신은 바로 이 개개 실재가 존재하는 운동인이며, 개개 실재의 본질의 운동인이기도 하다(『윤리학』, 「정리」 25). 이 주장에 따르면 신의 운동이 없다면, 개개 사물의 존재는 처음부터 불가능하다. 신이 개개 실재의 운동의 원인이라는 이 운동인이 바로 「정리」 29의 능산적 자연이다. 능산적 자연인 신의 운동에 의해서 개개 실재의 소산적 자연이 생겨난다. 그렇기 때문에 능산적 자연과 소산적 자연은 같은 자연이 아니다. 단지 능산적 자연만이 신과 동일한 것이다. 자연을 능산적인 것과 소산적인 것으로 나누고, 능산적 자연만 신과 같다는 스피노자의 주장에서 신이 곧 자연이라고 했을 때 반쪽짜리 자연만 신이라는 비판도 있을 수 있다.

이런 의문 속에서도 한 가지 분명한 것은 '신 혹은 실체'라는 개념이다. '신 혹은 실체'와 '개개 실재'의 관계는 스피노자에게 있어서 분명 인과관계이다. 이때 신은 모든 자연이 아니라 능산적 자연과 같다. 그리고 소산적 자연은 신 혹은 자연에서 산출된 모든 것이다. 능산적 자연이 영원하고 무한하며 자기원인인 신이라고 한다면, 영원하지 못하고, 무한하지 못하며, 자기원인이 아닌 신은 소산적 자연이다.

스피노자는 신과 자연의 동일성을 위해 「정리」 30에서 구체화시킨다. 인간의 지성이 유한할까 아니면 무한할까? 아는 사람은 아무도 없을 것이다. 분명한 것은 인간은 지성을 갖고 있다는 것이다. 뿐만 아니라 인간은 이 지성을 통해 신의 속성과 변용을 구체적으로 파악할 수 있다. 인간의 지성으로 파악된 참된 관념은 항상 그 대상과 일치한다. 인간의 지성이 객관적으로 포함하고 있는 모든 것은 자연 속에 필연적으로 주어져 있다. 그리고 이 자연 속에는 유일한 실체, 즉 신만이 있다. 바로 이런 스피노자의 주장에서 우리는 더 이상 자연을 능산적 혹은 소산적으로 구별할 필요가 없고, '신 혹은 자연'을 '신 즉 자연'이란 개념으로 사용하여도 좋을 것 같다.

2

『단자론』과 『자연과 은총의 이성적 원리』에 나타난 실체 개념

라이프니츠는 프로이센의 왕과 왕비 소피 샤를로테를 도와 1700년 베를린학술원을 개원하고 종신 원장에 취임한다. 이때부터 라이프니츠는 정치보다 학문에 더 큰 관심을 갖고 안정된 생활을 시작한다. 그의 철학 관련 유명한 저서는 모두 이 시기에 출판된다. 1704년『신인간지성론』을 시작으로 1710년『변신론』이 발표된다. 그리고 라이프니츠는 생의 말년인 1714년『자연과 은총의 이성적 원리Die Vernunftprinzipien der Natur und der Gnade』와『단자론Monadologie』을 출판한다.

스피노자가 사망 2년 전에『윤리학』을 출판하려다 취소하고 1677년 사망 후 유고집으로 나온 것과 비교해도 참 두 사람은 닮아 있다. 라이프니츠는 사망 2년 전에『자연과 은총의 이성적 원리』와『단자론』을 출판한다.『자연과 은총의 이성적 원리』와『단자론』은 모두 신의 문제를 다루고 있다. 그리고 주제 모두 실체이다.『자연과 은총의 이성적 원리』와 다르게『단자론』은 프랑스 오를레앙의 레몽 공작Nicolas-François Rémond(1638-1725)에게 보낸 편지 형식으로 쓰인 책이다.

두 사람이 사망 2년 전에 서술한『윤리학』과『단자론』은 그 주제도 많이 닮았다. 즉 실체, 신 존재 증명, 결정론적 세계관, 예정조화설 등 두 사람의 중요한 철학적 주제는 모두 이 두 권의 저서 속에서 찾아볼 수 있다. 물론 라이프니츠의 실체 개념은 단지『단자론』에서만 나오는 것은 아니다. 라이프니츠가 1686년 발표한『형이상학론Metaphysische Abhandlung』과 1694년에 발표한『제일철학의 개선 및 실체 개념Über die Verbesserung der ersten Philosophie und über den Begriff der Substanz』그리고『자연과 은총의 이성적 원리』가 모두 실체 개념을 다룬 주요 저서들이다. 하지만 라이프니츠는 실체 개념을『단자론』에서 가장 심도 있게 다루었다. 어쩌면 이 『단자론』에 나타난 실체 개념이 앞의 모든 저서의 결론이라 해도 될 정도이다.

1) 단자의 의미

라이프니츠 철학 중에서 가장 중요한 저서인 『단자론』에 대한 구상은 1714년 1월 라이프니츠가 레몽에게 편지를 보내면서 시작된다. 레몽은 플라톤의 인식론에 관심이 있었기 때문에 라이프니츠와 생각이 잘 맞았다. 라이프니츠는 15살 때부터 실체 형상Die substantielle Form에 대한 생각을 하였다. 이때 라이프니츠는 수학의 중요성을 알았고, 네덜란드에서 수학자이며 물리학자인 하위헌스를 만나 수학에 심취하면서 수학으로 철학적인 문제를 해결하려 하였다.

하지만 라이프니츠는 '단자'의 문제로 접근할 때 물리학의 역학이나 운동법칙 혹은 수학으로 형이상학적인 문제를 해결할 수 없다는 것을 깨달았다. 그래서 그는 아리스토텔레스의 엔텔레케이아 Ἐντέλεχεια에서 질료적인 것과 형상적인 것을 구별하고, 개념을 여러 가지 방법으로 바꾸거나 변형시켜 "단순한 실체Die einfache Substanz"만이, 즉 단자만이 유일한 "참된 실체Die einzig wahre Substanz"라는 것을 알게 되었다.

이 편지를 받은 레몽과 친구들은 곧 라이프니츠가 단자에 대한 구체적인 내용을 편지로 보낼 것이라는 기대감과 궁금증으로 가득차 있었다. 하지만 라이프니츠의 편지는 오랫동안 오지 않았다. 그러다 1714년 7월 라이프니츠는 레몽에게 단자론에 대한 이론이 완성되지 않았다는 편지를 보내왔다. 당시 사상가는 스콜라철학의 영향으로 철학 저서를 산문이나 운문처럼 시로 표현하는 것을 좋아하였다. 레몽도 라이프니츠에게 그렇게 해 달라고 부탁했고, 라이프니츠는 자신의 이론을 시 형식을 빌려 90장으로 만들었다. 하지만 라이프니츠는 저서의 제목을 정하지 못했고, '단자 이론'보다는 예정조화에 대한 내용과 이론이 더 많았다. 라이프니츠는『단자론』에 자신의 모든 철학, 즉 인식론, 형이상학, 변신론, 논리학, 수학 등을 담으려 한 것 같다.

라이프니츠는『단자론』의 1장부터 8장까지에서 단자에 대한 정의를 내리고 있다. 먼저 1장에서 "단자"는 "복합된 것Das Zusammengesetzte 안에 있는 단순한 실체"라고 정의한다. 그리고 "단순하다는 것은 부분이 없음"을 뜻한다. 부분이 없는 복합체는 결국 개체성 혹은 개체적 실체이다. 하나를 의미하는 그리스어 모나스μονάς가 어원인 단자 monad는 단순하면서 하나, 단순하면서 부분이 없는 혹은 단순하면서 분할이 되지 않는 것으로 개체적이고 단순한 실체와 다르지 않다.

라이프니츠는 복합체를 "단순한 것들의 무리 혹은 집합"(《단자론》 2장)이라고 정의한다. 무리나 집합은 분할이 가능한 물질적 존재이므로 복합체도 물질적 존재이다. 복합체의 존재를 인정한다는 것은 그것의 구성원인 단순한 실체도 존재로 인정해야 한다는 것이다. 여기서 우리는 복합체의 존재를 분할하면 단자가 된다는 것과 단자가 합쳐지면 복합체가 된다는 사실을 알게 된다. 즉 복합체로부터 단자를 유추할 수 있고, 반대로 단자에서 복합체를 유추할 수도 있다. 하지만 라이프니츠는 전자를 부정한다.

단자가 "부분이 없다는 것"은 곧 "연장, 형태, 분할도 불가능"함을 의미한다. 그래서 "단자는 자연의 진정한 원자이고, 간단히 말하면 사물의 요소"(《단자론》 3장)이다. 원자는 분할되지는 않지만, 연장과 형태를 갖기 때문에 분할될 수 있다고 가정할 수 있다. 왜냐하면 모든 실재는 공간 안에서 연장과 형태로 존재하기 때문에 시간에 따라 생성과 소멸이 이루어진다. 하지만 원자로서 단자는 분할이 안 된다고 보았기 때문에, 라이프니츠에게 원자는 비실재적인 것이다. 단자는 이런 성질 때문에 나뉘지지 않고, 단순한 실체로서 단자는 소멸되지도 않는다. 단순한 실체는 부분이 합쳐져 복합체를 만들 수 없기 때문에 축적되어 자연적으로 복합체적 존재가 될 수도 없다 (《단자론》 5장). 그리고 단자는 단 한 번만 생성되고 소멸될 수 있다고 라이프니츠는 주장한다. 즉 단자는 "창조를 통해서만 생성되고 파괴를 통해서만 소멸될 수"(《단자론》 6장) 있다. 반면 단순한 실체가 합쳐진 복합체는 부분에 의해서 천천히 생성되고 역시 부분에 의해서 천천히 소멸된다.

라이프니츠는 7장에서 단자의 성질에 대해서 구체적으로 설명한다. 단자는 개개 실재나 자연적 실재에 의해서 변하지 않기 때문에, 단자 내부에는 어떤 것도 전달될 수 없고 외부의 영향으로 변하지도 않는다. 이어서 라이프니츠는 개개 실재나 자연적 실재가 단자의 내부로 들어오거나 단자 내부의 무엇이 밖으로 나갈 수 있는 "창문을 단자는 갖고 있지 않다Die Monaden haben keine Fenster"라는 유명한 말을 한다. 하지만 단자는 실체로부터 우유적 속성이 떨어져 나가 실체의 외부를 떠돌 수 없고 실체도 단자 속으로 들어갈 수 없다.

여기서 단자의 고유한 성질이 문제가 된다. 라이프니츠는 단자가 "고유한 성질을 소유"(《단자론》 8장)해야 한다고 주장한다. 고유한 성질을 갖지 않는 존재는 없기 때문이다. 고유한 성질을 가진 단순 실체인 단자가 존재하지 않는다면, 단자가 결합한 복합체적 존재도 있을 수 없고 다른 것과도 구별되지 않는다. 특히 단자의 양적인 구별도 없는 상황에서 고유한 성질마저 없다면, 단자 간의 구별은 불가능하다. 단자로 가득 찬 공간 속에서 운동이 일어난다면 모든 공간에는 같은 단자만 있고 개개 실재의 상태는 구별되지 않는다. 이런 관점에서 라이프니츠는 단자에게 고유한 성질 혹은 본성을 부여하고 있다.

2) 단자의 개별성과 영혼성

단자가 고유한 성질이나 본성으로 구별되기 때문에 어떤 단자도 같은 것은 없고 각각은 모두 개별성을 갖는다. 개별성이란 곧 개개 실재와 같다. 단자의 개별성에 따라 두 개의 개개 실재가 완전히 똑같은 경우는 없다. 개개 실재는 창조주에 의해서 만들어진 피조물이다. 모든 피조물이 생겨나고 소멸하듯이 단자도 피조물이기 때문에 변한다. 그런데 단자는 창이 없기 때문에 외부로부터 어떤 영향도 받을 수 없다. 그런 단자는 어떻게 변할까? 창이 없는 단자는 결국 내부에서만 변한다고 봐야 한다. 단자의 자연스러운 변화는 결국 내적인 원인이나 내적인 원리에 따른 것일 수밖에 없다. 이런 외적인 영향이 아닌 내적 변화의 영향을 받는 이유는 "단자의 욕구Appetition"(《단자론》 15장) 때문이다.

단자의 욕구에 따라 단자에는 내부 변화에 대한 원리가 생겨나고, 단자는 이 원리에 따라 다양하게 변한다. 이렇게 단순한 실체로서 단자는 자신만의 원리에 따라 변하고 다양화된다. 그렇다면 단자는 어떻게 변하고 다양화될까? 라이프니츠는 그 원인을 단자의 세부 내용에서 찾고 있다. 단자의 세부 내용은 "필연적으로 단일성 또는 단순성 속에 다수성을 포함"(《단자론》 13장)한다. 시간적으로 개개 실재는 끊임없이 변하지만 너무나 천천히 변하여 변하지 않는 것처럼 느껴지는 것도 있고 실질적으로 변하지 않는 것도 있다. 단순한 실체로서 부분을 포함하지 않는 단자는 이렇게 외부의 다양한 변화에 대처할 특성을 내부에 갖고 있다.

일반적으로 우리는 단일성 또는 단순한 실체 안에서 다수성을 포함하고 그것을 표현하는 일시적인 상태를 '지각Perzeption'이라 한다. 창이 없는 단자의 특성상 지각이란 외부의 것을 받아들이는 것이 아니라 내부 상태를 규정하는 것이다. 그렇기 때문에 이 '지각'은 '통각Apperzeption'이나 '의식Bewußtsein'하고도 구별된다(《단자론》 16장).

이렇게 단자의 욕구에 따른 지각의 변화는 라이프니츠에게 있어서는 내부 원리의 활동과 같다. 단자의 욕구와 지각이 내부 원리를 완전하게 만들어 내는 것은 아니다. 개개 실재의 변화처럼 단자의 내부 원리도 천천히 혹은 보다 빠르게 완전하게 된다. 이렇게 해서 단자는 새로운 지각을 하게 되므로 단자의 다수성이 나타난다. 아주 작은 지각이라도 그 안에 대상이나 물질의 다양성이 발견된다면, 단순한 실체인 난자 안에서 다수성이 경험될 것이다.

이때 영혼의 문제가 제기된다. 만약 영혼을 단자로 인정한다면, 단자 내부의 다수성을 인정해야 할 뿐 아니라 영혼도 인정해야 한다는 것이다. 라이프니츠는 일반적인 의미에서 지각과 욕구를 가지고 있는 모든 것을 '영혼Seele'이라고 한다면, 창조된 단자도 영혼이라 불러도 좋다고 본다(《단자론》 19장). 그리고 영혼 작용과 단순한 지각은 결코 같을 수 없지만 단순한 지각만을 가진 단순한 실체도 단자라 해도 충분하다. 하지만 지각이 더 분명하고 기억까지 갖고 있는 단자를 영혼이라 부르는 것은 마땅한 것이다.

우리는 '기절'이나 '꿈도 꾸지 않는 숙면'과 같이 우리 자신 안에서 기억이나 지각하지 못하는 어떤 것을 경험할 때가 있다(《단자론》 20장). 물론 이런 상태가 오래 지속되는 것은 아니다. 이런 상태에서 빨리 벗어나게 하는 것이 바로 영혼이다. 바로 여기서 영혼과 단순한 단자는 구별되어야 하며, 영혼은 단순한 단자 그 이상의 어떤 것이다. 라이프니츠는 이런 관점에서 단자는 자족성을 갖고 내재화된 목적에 따라 내적 활동을 한다고 주장한다. 단자는 이렇게 욕구를 갖고 지각하고 내적인 행위를 제어할 수 있기 때문에 영혼이라 할 수 있다.

그러나 한 가지 문제가 여전히 남아 있다. 단순한 실체 속에는 지각이 없을까? 결론부터 말하면 그렇지 않다는 것이 라이프니츠의 생각이다. 단순한 실체도 소멸되지 않고 남아 있으며 지속적으로 움직이기 때문이다. 움직임이 없다면 단순한 실체도 없다. 그리고 움직임이 있다면 그것은 분명 지각이다. 물론 이 움직임이 너무나 작아 의식하지 못할 수도 있다. 우리는 같은 방향으로 계속 돌아 의식을 잃거나 어지러움을 느껴 '혼미한 상태'에 빠질 수 있다. 그리고 동물도 죽음에 임박하면 이런 상태에 이른다(《단자론》 21장). 이런 관점에서 꿈도 꾸지 않는 잠과 죽음은 같다. 개개의 실재가 살아 있다는 것을 육체와 영혼이 결합된 상태로 본다면 꿈도 꾸지 않고 자는 숙면 상태는 육체와 함께 결합된 영혼이 지각할 수 없는 상태가 된 것이다. 꿈에서 깨어나는 것은 다시 육체와 영혼이 결합하여 지각할 수 있는 상태가 된 것을 의미한다.

라이프니츠의 이 주장을 조금 확대해석하면 영혼의 불멸이다. 영혼과 육체가 늘 함께 결합된 상태가 삶의 상태라면 영혼의 불멸만큼 육체의 불멸도 주장될 수 있다. 개개 실재의 소멸인 죽음은 의식 없는 영혼이 육체와 함께 머무는 것이다. 이때 육체에는 삶에서 죽음 혹은 소멸이라는 변화만 있을 뿐이고 다른 어떤 변화도 없다.

인과성은 어떤 운동이 다른 운동에 영향을 주는 것이다. 지각에 인과성을 적용해 보자. 기절이나 숙면 상태에서 우리가 아무것도 지각하지 못한다고 해도, 그 상태를 벗어나는 순간 우리는 다시 지각할 수 있다. 여기서 우리의 지각은 인과성에 따라 바로 직전의 의식 상태를 지각한다. 비록 기절이나 혼수 상태에서 지각을 하지 못한다 할지라도 정상적인 상태로 돌아오는 순간 모든 것을 지각할 수 있기 때문에 지각의 중요성이 강조된다. 즉 지각 안에서 뚜렷한 특징이나 보다 높은 감각을 갖지 않는다면, 우리는 항상 기절 상태나 혼수 상태에 빠져 있는 것과 같다. 단순한 실체가 바로 이런 상태에 놓여 있다(《단자론》 24장).

이렇게 라이프니츠에게 있어서 기억을 동반한 지각은 중요하며, 기억을 동반한 단자가 곧 영혼이다. 기억은 결코 단편적인 것이 아니다. 그런데 그렇다면 영혼 속에 기억을 연결시키는 무엇이 있어야 한다. 기억은 이성을 모방하지만, 이성과 구별되는 '추리' 형식을 영혼에 제공한다고 라이프니츠는 주장한다(《단자론》 26장). 라이프니츠는 그 예로 개와 막대기를 예로 든다. 심하게 매를 맞은 개는 막대기를 보는 순간 그 고통을 기억하고 울부짖으며 도망간다는 것이다. 이렇게 강한 감각적 표상은 앞선 기억의 강도나 횟수와 관련이 있다.

영혼은 기억의 원리에 따라 지각한다. 하지만 이 기억의 원리를 전혀 모르는 사람은 순수한 경험적 원리에 따라 기억의 원리를 생각한다. 예를 들어서 내일도 해가 뜰 것이라는 지각은 순수 경험에 따른 것이지 기억의 원리와는 전혀 상관이 없다. 물론 순수 경험도 중요하다. 하지만 이성적 근거를 바탕으로 판단해서 해가 뜬다고 주장하는 것과는 분명 차이가 있다. 영혼이 갖고 있는 기억의 원리에 따라 영원한 진리를 우리는 필연적으로 인식한다. 이를 중심으로 이성과 학문을 완성하며 스스로를 깨우치고 신을 알게 될 것이다. 이것이 바로 인간의 내부에 있는 "이성적 영혼vernünftige Seele", 혹은 "정신Geist"이다(《단자론》 29장).

영혼은 작은 기억에서 출발하여 이성을 매개로 한 추리를 통해 필연적인 진리를 얻는다. 뿐만 아니라 신의 진리에까지 이른다. 라이프니츠는 이를 위해 영혼이 추상 작용 외에 '반성적 행위'까지 한다고 주장한다. 우리는 이 반성을 통해 "자아에 대해 사유"를 하게 된다(《단자론》 30장). 이 자아에 대한 사유를 통해 단순한 실체부터 신에 이르기까지 모든 것을 인식할 수 있게 된다. 더 나아가 인간에게 제한적인 무엇이 신에게는 결코 제한되어 있지 않다는 것도 알게 된다. 바로 여기서 인간은 자신의 생각을 신의 생각에까지 확대시키려 노력한다. 인간의 반성 작용은 이성 작용을 위해 이렇게 중요한 대상을 제공한다.

인간에게 제한된 것이 신에게는 제한되어 있지 않다는 라이프니츠의 주장에서 우리는 신과 인간 사이에 어떤 차이가 있음을 알 수 있다. 이를 유추하면 인간과 인간을 제외한 동물 사이에도 자이가 있다는 결론이 나온다. 그리고 인간은 영원한 지식을 필연적으로 갖고 있다고 했다. 바로 이것이 동물과 인간의 차이이다. 인간의 영원한 진리는 이성 작용을 위해 반성 작용으로 얻은 대상이다. 반성 작용으로 얻은 이 이성 작용의 추리야말로 인간이 신에 대해서 생각하고 신성에 도달할 수 있게 해 주는 것이다.

반성 작용으로 얻은 대상을 통해 이성 작용으로 단순한 실체에서

부터 신의 인식까지 가능하다고 본 라이프니츠는 모든 단순한 실체 혹은 피조물인 모든 단자에 엔텔레케이아라는 이름을 준다. 단자는 자신의 내부에 완전성과 자족성을 갖고 있기 때문에 스스로가 스스로의 내적 활동의 원천이 된다. 그리고 단자는 완전히 스스로 움직이는 비물질적인 자동 기계와 같다. 이런 자동 기계는 자신 속에 모든 원인과 원리를 갖고 있고, 자신 이외의 것으로부터 완전히 독립되어 있다. 바로 이런 관점에서 라이프니츠는 단자의 개별성과 영혼성을 주장하고 있는 것이다.

3) 단자의 창조

라이프니츠에게 있어서 단순한 실체로서 단자는 스피노자와 다르게 ―최소한 『단자론』에서는― 창조된 것이다. 그리고 이 단자는 완전히 자동으로 움직이면서 비물질적인 자동 기계이다. 이런 단자는 과연 어떻게 창조되었을까? 라이프니츠는 이를 설명하기 위해서 먼저 자신과 데카르트의 차이에 대해서 설명한다.

데카르트주의자는 신에게만 영원한 진리가 있기 때문에 모든 것은 자의적이며 신의 뜻에 따라 움직인다고 보았다. 라이프니츠는 이런 진리야말로 '우연적인 진리'로 신의 목적이나 행위에 적합한 원리를 갖고 있다고 주장한다. 이런 진리가 아닌 '필연적인 진리'만이 신의 영원한 진리가 될 수 있다. 신의 영원한 진리는 신의 의지에 의해서 움직이는 우연적 진리가 아니라 신의 오성에 머물며 내적 대상이 되는 필연적인 진리이다. 바로 여기서 신만이 근원적인 단일성이고 근원적인 단순 실체einfache ursprüngliche Substanz라는 주장이 나온다. 그 외 모든 창조되거나 파생된 개개 실재로서 단자는 신의 산출물에 불과하다(《단자론》 47장).

이런 관점에서 볼 때 라이프니츠는 신만이 근원적인 일자, 혹은 단일성이며 근원적인 단순 실체라고 주장한다. 라이프니츠는 이를 번개에 비유하고 있다. 쉼 없이 번개가 치면 온 하늘이 번쩍이며 빛나듯이 신성도 끊임없이 단자를 산출하고 만들어 낸다. 그리고 모든 창조되거나 파생된 단자는 신의 생산물에 불과하다. 이것이 라이프니츠의 창조 사상이 보이는 전격 작용電擊作用 혹은 전광 방사電光放射, blitzartige Ausstrahlung이다.

번개의 출발점은 한 곳이다. 하지만 그 갈라짐은 헤아릴 수 없이 많다. 한 지점, 즉 일자에서 수없이 많은 것이 생산되어 나온다. 신의 창조는 무에서 시작된다. 그리고 창조물은 창조 이후 신과 다른 곳에 존재한다. 그런데 번개는 시작점과 수없이 갈라진 것이 함께한다. 이는 엄밀한 의미에서 창조가 아니라 유출이다. 그러나 라이프니츠의 관점에서 창조와 유출은 같은 것이다. 나아가 신만이 창조되지 않는 유일한 단자이기 때문에 유출이 아니라 창조이다. 그래서 신만이 근원적인 단일성이며 근원적인 단순한 실체가 된다. 그리고 파생된 모든 단자는 신의 창조물인 것이다.

비록 단자가 신의 창조물이긴 하지만, 단자 역시 분명 개개 사물을 창조한다. 이런 면에서 단자는 분명 신의 성질이나 속성을 갖고 있다. 신의 성질을 이해한다면 단자의 성질도 알게 될 것이다. 라이프니츠는 신의 성질을 '모든 사물의 원천인 힘', '다양한 개별적인 관념을 포함하고 있는 지성', 그리고 '항상 최선을 선택하려는 원리에 따라 변화와 생산을 가능하게 하는 의지' 이렇게 셋으로 나눈다. 그리고 이 세 가지 신의 성질은 창조된 단자의 성질로, 주체Subjekt 혹은 토대Fundament, 지각 능력Perzeptionsvermögen, 그리고 욕구 능력 Begehrungsvermögen으로 주어진다. 이처럼 신의 성질이 창조된 단자에게 주어지긴 했지만 완전성은 다르게 나타난다. 신의 세 성질은 무한성과 완전성으로 나타나지만, 단자에 주어진 성질은 능력이나 모방성에 따라 완전성과 무한성의 정도가 다르게 나타난다(《단자론》 48장).

결국 피조물의 능력에 따라 무한성과 완전성이 다르다. 즉 피조물의 우월성에 따라 다른 피조물에 영향을 준다. 우월한 피조물은 능동적으로 외부의 열등한 피조물에 영향을 주고, 반대로 열등한 피조물은 영향을 받으며 무한성과 완전성에 가까워지는 것이다.

4) 정신만 있는 신, 육체가 없는 신

비록 창조되었지만 단순한 실체인 단자와 다른 피조물은 다르다. 단자 사이에 어떤 영향을 미치는 것을 라이프니츠는 "관념적인 영향idealer Einfluß"(《단자론》 51장)이라고 한다. 이 관념적 영향은 신의 매개를 통해서만 작용한다. 가장 처음 창조된 단자는 그다음에 창조된 단자에게 그들만 생각하지 말고 자신도 생각해 달라고 정당하게 요구한다. 이렇게 신을 매개로 단자 간에 서로 영향을 주고받는 것이 관념적 영향이다. 그럼 신의 매개란 무엇일까?

이 생각이 바로 라이프니츠의 예정조화설이다. 단자는 창이 없기 때문에 다른 단자에게 물리적인 영향을 주거나 받을 수 없다. 하지만 신의 관념적 영향을 받는 단자는 다른 단자에 의존할 수밖에 없다. 이것이 바로 신을 매개로 하는 단자 간의 영향이다. 즉, 신은 단자를 창조하기 전에 미래에 일어날 단자 간의 상호작용을 미리 예측하여 조정하여 둔다는 것이다. 이렇게 단자가 신의 관념적 영향 아래 있기 때문에 모든 단자는 창조되면서 이미 서로에게 영향을 주고받게 결정되어 있는지도 모른다.

분명한 것은 신의 관념적 영향으로 창조된 단자 간에 주고받은 영향은 상호적이라는 점이다. 예를 들어 두 단자 중에 하나가 다른 하나에 순응하는 근거가 있다면 전자는 능동적이고 후자는 수동적이라 할 수 있다. 그 반대도 마찬가지이다. 이렇게 피조물의 능동과 수동은 상호적이다. 현재 우리가 살고 있는 이 지구를 중심으로 우주는 과연 하나밖에 없을까? 우리는 수없이 많은 우주를 상상하거나 생각한다. 신의 관념 안에서도 무한한 수의 가능한 세계가 존재하지만 현실적으로 존재하는 세계는 하나뿐이라고 라이프니츠는 주장한다(《단자론》 53장). 그 이유와 근거는 무엇일까?

라이프니츠는 적절성과 완전성으로 그 답을 찾는다. 신이 창조라는 행위를 할 때, 거기에는 분명 목적이 있을 것이다. 신의 목적이 고스란히 나타나는 것이 개개 실재인 현실적 존재이다. 개개 실재

속에 있는 가능성은 신의 완전성에 따라 적절하게 현실적 존재가 된다. 이때 신의 선택이 전제이다. 하나의 우주냐 아니면 무한한 우주냐의 문제와 같이 신이 선택할 수 있는 가능한 세계는 무한히 많지만 신의 관념에 따라 현실적으로 존재하는 세계는 하나이다. 이때 신의 결정을 뒷받침하는 것이 적절성과 완전성이다. 바로 이런 관점에서 신의 창조는 자유롭지 못하다. 신은 현실적으로 가능한 존재를 하나만 선택해야 하기 때문에 완전하고 적절한 개개 실재를 창조할 수밖에 없다. 이때 신은 최고의 선과 지혜를 모아 선택한다. 이런 관점에서 창조된 개개 실재는 최고의 존재인 이유와 근거가 충분하다.

이렇게 창조된 모든 실재는 개개 실재와 연결되어 있다. 이 연결은 단순한 실체가 각각의 실체를 표현하는 관계를 보여 준다. 그렇기 때문에 단순한 실체는 영원히 우주를 반영하고 있는 "우주의 거울Spiegel des Universums"(《단자론》 56장)이다. 같은 도시를 다양한 측면에서 보면 여러 개의 다른 도시로 보이거나 완전히 다른 도시로 보이듯이 무수히 많은 단순한 실체가 전혀 다른 다양한 세계를 만들어 낸다. 하지만 도시가 하나이듯이 세계도 하나이다. 단순한 실체를 서로 다른 시점에서 볼 때 나타나는 각양각색의 모습이 다양한 세계처럼 보일 뿐이다. 신의 적절성과 완전성이 세계를 가능한 한 최고의 질서와 다양한 변화를 갖고 만들어지게 하기 때문이다. 물론 가장 완벽한 완전성을 얻는 것은 하나의 가정에 불과하다. 그러나 이 가정만이 신의 위대함과 완전함을 더 높일 수 있다(《단자론》 59장).

단자는 이렇게 신의 적절함과 완전함을 통해 창조된다. 그리고 단자들 사이에 창이 없고 서로 어떤 외적인 영향을 받지 않는다면 창조된 모든 생명체는 근본적으로 같다고 할 수 있다. 즉 모든 창조된 피조물은 스스로 생몰할 때 정신과 이성적 영혼도 함께하기 때문이다. 이성적 생명체인 인간뿐 아니라 동물까지도 정자나 정충이라는 감각적인 영혼을 갖고 있다. 정자 중 하나가 수정을 통해 인간적인 본성을 얻는다면 그 정자가 갖고 있던 감각적인 영혼은 이성의 단계로 상승하여 어떤 특권을 누리게 된다(《단자론》 82장).

바로 이런 관점에서 "일반적인 영혼"과 "이성적인 정신"(《단자론》 83장)이 구별된다. 마찬가지로 인간, 동물 그리고 식물도 구별되어야 한다. 정자나 씨앗 속에는 앞으로 존재할 개개 실재의 모든 것이 다 담겨 있다. 그중에서도 인간의 정자 속에만 이성이 포함되게 미리 조치되어 있다. 그렇기 때문에 일반적인 영혼과 이성적인 정신은 구별되는 것이다. 그런데 일반적 영혼은 피조물로 구성된 이 세계와 닮았지만, 이성적 정신은 한 발 더 나아가 신 그 자체 혹은 자연의 창조자와 많이 닮아 있다. 이런 관점에서 라이프니츠에게 있어서 정신은 자신의 영역 안에서는 하나의 "작은 신"(《단자론》 83장)과 마찬가지이다. 그러나 차이가 있다면 "신은 육체가 없다"(《단자론》 72장)는 것이다.

신이라는 특수한 단자는 개개 실재나 실체와 다르게 유일하게 육체가 없다. 육체와 영혼이 결합된 모든 개개 실재는 자연 법칙에 따라 급작스럽거나 점진적으로 생성·소멸이 일어난다. 물론 이것은 신이 예정한 대로 조화를 이루는 것이다. 인과의 문제로 본다면 영혼이 하나의 원인이며 육체는 결과이다. 뿐만 아니라 영혼은 목적인이며 육체는 작용인이다. 이렇게 피조물은 자신의 육체와 정신의 법칙에 따라 다양한 모습으로 나타나는데 이것은 모두 신이 정해 놓은 것이다. 분명한 것은 인간의 정신은 "작은 신"이기 때문에 신과 화합할 수 있다. 이성적 정신은 신과 화합할 수 있는 어떤 것이다. 그러므로 이 인간의 정신이 곧 "신의 왕국"(《단자론》85장)을 건설할 수 있다. 이것이 바로 "도덕적인 은총의 왕국"(《단자론》87장)이다. 이 신의 왕국과 은총의 왕국도 육체와 정신처럼 완벽한 조화를 이루고 있으며, 모든 사람은 지금보다 나은 삶을 원하듯 지금보다 더 나은 왕국을 원한다.

5)『자연과 은총의 이성적 원리』에 나타난 실체 개념

『단자론』은 안타깝게도 한 가지 주제로 다룬 저서도 주제의 깊이가 있는 저서도 아니다. 한 권의 저서에 라이프니츠의 다양한 이론을 다루다 보니 완벽한 저서라고 할 수 없다. 아마도 레몽 공작과의 약속 때문에 생긴 것으로 판단된다. 그러다 보니 당연히 가장 중요한 주제인 실체에 대해서도 분명한 결론을 내리지 못하고 있다. 하지만 다행히 같은 해에 실체에 대해 구체적으로 다룬 저서『자연과 은총의 이성적 원리』가 발표되었다. 우리는 이 저서에서 보다 구체적인 실체에 대해서 알아볼 수 있다.

1714년 프랑스어로 발표된 『자연과 은총의 이성적 원리』도 『단자론』과 마찬가지로 성공적인 군사 지도자 중 한 사람이지만 전쟁보다 학문을 더 사랑한 사부아 카리냥의 프랑수아 외젠 공François-Eugène de Savoie-Carignan(1663-1736)을 위해서 저술되었다. 이 저서를 받은 외젠은 너무 기뻐 누구에게도 얘기하지 않고 서고 깊이 숨겨 놓고 몰래 읽었다고 한다.

라이프니츠는 "실체는 활동이 가능한 존재"라고 정의한다. 그리고 실체에는 두 종류가 있다. 한 종류는 어떠한 부분도 갖지 않는 단순한 실체이고, 두 번째 종류는 단순한 실체 혹은 단자가 모여 하나의 실체를 이루는 복합적 실체이다. 예를 들어 단순한 실체는 생명체, 영혼, 혹은 정신과 같은 것이다. 그리고 복합적 실체는 복합적 사물이나 복합적 물체로 하나가 아니라 여럿으로 이루어져 있다. 단순한 것이 합쳐지거나 쌓여 복합적인 것이 되기 때문에 단순한 것이 먼저이다. 그래서 모든 곳에 단순한 실체로 가득하고 세계, 우주 혹은 자연 속에는 생명으로 충만하다. 여기서도 라이프니츠는 단순한 실체를 단자라고 규정한다(자연 1장).

이렇게 단순한 실체 혹은 단자는 "어떠한 부분도 갖고 있지 않기 때문에 생성될 수도 없고 소멸될 수도 없으며", "자연의 모든 변화과정 중에서 시작도 없으며 끝도 없을" 뿐 아니라 '형태도 없는' 특징을 갖고 있다(자연 2장). 단자는 이렇게 변하지만 소멸하지 않기 때문에 우주가 존재하는 한 결코 사라지지 않고 존재한다. 이런 관점에서 단순한 실체는 우주의 시작과 끝을 같이하는 것으로 보인다.

곧 단순한 실체가 신과 같음을 알 수 있다.

라이프니츠는 『단자론』 47장에서 "근원적인 단순 실체"를 설명하고 『자연과 은총의 이성적 원리』에서는 보다 구체적으로 서술하고 있다. 실질적으로 이 우주는 끊임없이 변하면서 단자끼리 구별되는 단순한 실체로 가득 차 있다. 물론 이런 단자 중에는 다른 단자보다 우월한 단자도 있다. 라이프니츠는 이런 단자를 "단순한 실체", "탁월한 단자" 혹은 "중심 단자Zentralmonade"라고 한다. 이때 복합적 실체는 단순한 실체를 중심으로 둘러싸이게 되고, 단순한 실체는 "고유한 육체der eigentliche Körper"(자연 3장)를 갖는다. 창이 없는 단자는 외부의 영향을 받는 것이 아니라 외부의 표상을 통해 내부를 변화시킨다. 중심 단자 혹은 단순한 실체는 자신의 성질에 따라 자신을 둘러싸고 있는 외부의 다른 사물을 표상하기 때문에 고유한 육체를 갖게 되는 것이다.

고유한 육체를 가진 단순한 실체는 내부에서 스스로 외부를 지각할 때, 아주 작은 것에서부터 전체에 이르기까지 모든 것을 지각할 수 있다. 이 육체가 유기체적인 육체der organische Körper이다(자연 3장). 단자는 바로 고유한 육체와 유기체적인 실체로 형성되어 있고, 우주 속에 꽉 차 있는 단자는 모든 곳에 "지체Glieder" 혹은 "기관Organ"들과 결합되어 존재한다. 이 단자 중에는 "열등한 단자"도 있고 "우월한 단자"도 있기 때문에 단자 사이에는 "등급"이 있다. 단자의 등급에 따라 단자의 지각이나 기억 능력은 달라진다. 라이프니츠는 지각을 가진 단자를 "영혼"이라 부른다. 그리고 이 "영혼들Seele"이 "이성

Vernunft"을 갖게 되면 뛰어난 단자인 "정신들Geister"(자연 4장)이 된다.

우주는 이렇게 단자들로 가득 차 있다. 그렇다면 우주 혹은 세계는 어떻게 존재하게 되었을까? 우주 속에 존재하는 단자는 물체와 영혼을 갖고 있다. 그렇다고 이 물체와 영혼에서 우주를 찾아낼 수는 없다. 일반적으로 우리는 운동의 법칙이나 인과론으로 우주를 설명한다. 우주가 먼저 생기고 그 우주를 채우는 단자가 생겼다는 식으로 말이다. 하지만 인과론은 끝없이 위로 올라갈 뿐 처음은 없다. 여기서 라이프니츠는 "우연적인 개개 실재의 외부의 존재"와 "실체의 내부에 필연적인 존재"(자연 8장)를 그 이유로 들고 있다. 우주에 개개 실재가 존재하는 것은 사물의 우연성 때문이다. 하지만 이 우연성이 있기 위해서는 실체의 내부에 개개의 실재가 존재할 수밖에 없는 필연성이 없다면 불가능하다.

우리는 바로 여기서 필연성이 존재할 수밖에 없는 이유를 찾아야 한다. 라이프니츠는 그 이유를 신에게 돌리고 있다. 사물의 최초 근거 혹은 최초의 원인이 곧 신이라는 것이 라이프니츠의 생각이나. 즉 "근원적 단순한 실재는 신"이다. 신으로서 "근원적 단순한 실체"는 자신 속에 모든 완전성을 갖고 있다. 개개 실재 혹은 다른 단자가 모두 자신으로부터 나오기 때문이다. 그래서 이 근원적 단순한 실체는 완전성을 넘어 "전지전능Allwissen und Allmacht"하며 "최고의 선höchste Güte"이다. 뿐만 아니라 선은 정의와 지혜와 같은 것이기 때문에 최고의 선은 곧 "최고의 정의die höchste Gerechtigkeit"라 해도 무방하다. 이렇게 근원적 단순한 실체인 신의 수식어로 "전지전능" 외에

"최고의 선"과 "최고의 정의"까지 포함된다(자연 9장).

최고의 선이며 전지전능한 신의 능력에 따라 개개 실재는 창조되고 활동한다. 뿐만 아니라 신이 개개 실재를 창조할 때는 이유가 있고 목적이 있다. 개개 실재 또한 신의 이 목적과 이유에 따라 신에 의존해서 활동한다. 개개 실새도 신의 완전성을 알기 때문에 신으로부터 그것을 원한다. 우리는 여기서 개개 실재의 불완전성이 피조물의 본질이며 근원적인 제한 혹은 한계임을 알 수 있다.

그런데 신은 세계의 개개 실재만 창조한 것이 아니라 "이 최고의 완전성으로 우주도 창조"(자연 10장)하였다. 전지전능하고 최고의 완전성을 가진 신의 창조물인 우주나 세계는 당연히 신의 완전한 계획에 따라 완전하고 완벽하게 창조되었다. 그리고 세계에 살고 있는 모든 피조물에게 신은 우주 질서가 허용하는 범위 안에서 가장 큰 능력, 지식, 행복 그리고 선을 주었다. 신은 당연히 자신이 갖고 있는 완전성을 개개 존재에게 주려고 노력하였다. 바로 이런 관점에서 세계에 존재하는 모든 피조물은 다르다기보다는 그렇게밖에 존재할 수 없는 이유와 근거가 이루어진다.

이상에서 보듯이 라이프니츠는 『자연과 은총의 이성적 원리』 1장에서 '단순한 실체'를 '단자'라고 규정한다. 그리고 실체를 전지전능하고, 최고의 완전성이며 최고의 지혜로서, 우주와 세계를 창조한 창조주로서 신으로 정의하고 있다. 결과적으로 최소한 『자연과 은총의 이성적 원리』에서는 신이 곧 단자라는 결론이 나온다. 즉 신의 단자에서 개개의 모든 실재 단자가 창조됨을 알 수 있다.

제5장

신 존재 증명

frenemy

1

스피노자의 신 존재 증명

17세기는 과학의 시대이고 그 과학을 이끌었던 사상가는 베이컨을 비롯하여 갈릴레이, 뉴턴, 데카르트 그리고 파스칼 등이다. 그리고 우리의 두 철학자, 스피노자와 라이프니츠 역시 이 반열에 올라도 전혀 어색하지 않을 것이다. 과학의 발달은 다른 측면에서 무엇인가의 쇠퇴를 의미하기도 한다. 그것은 바로 종교이다. 과학과 신은 17세기에는 전혀 어울릴 수 없는 관계였다. 그래서 많은 사람들은 신의 존재에 관심을 갖기 시작했다.

하지만 "17세기 철학자들의 의문은 아직까지 신의 존재"에 있지 않고, "오히려 신의 기능에 관한 것"에 있었다. 스피노자도 예외는 아니었다. 당시 철학자에게는 "과학과 종교, 혹은 신과 자연은 화해할 수 없는 갈등에 사로잡힌 것처럼" 보였다. 과학이 "자연의 모든 것을 설명할 수 있게 된다면" 지금까지 신에 대해 알고 있던 많은 것들, 예를 들어서 "기적을 일으키던 섭리의 신은 이제 실직하게 될 것처럼 보였기" 때문이다. 무엇보다 스피노자는 신과 과학 혹은 "신과 자연 사이에 빚어진 뚜렷한 갈등 앞에 대담한 해결책"이 필요하다고 판난하였다(왜, 292쪽).

스피노자의 신 존재 증명은 이 해결책 중 하나라고 할 수 있다. 무신론자라고 비판받은 그에게 영원하며 필연적이고 무한한 존재인 실체는 신이다. 실체가 곧 신이라는 스피노자의 주장은 오히려 그를 무신론자로 몰기에 충분했다. 그리고 무신론자인 그가 신의 존재를 증명할 리도 없다. 스피노자는 무신론자라는 비판을 몰랐을 리 없기 때문에 의식하지 않았을 리도 없다. 무신론자라는 비판을 의식했기 때문에 오히려 신의 존재를 증명했는지도 모른다. 하지만 스피노자의 신 존재 증명은 스피노자의 생각이라기보다 그의 연구자들의 생각이다. 스피노자는 자신에게 쏟아지는 모든 것을 감수했고, 또 할 수 있었다. 그래서 그의 신 존재 증명은 여전히 의문이 남는 부분이다.

'신 존재'라는 개념은 신을 존재론적으로 증명한다는 의미를 포함하고 있다. 어쩌면 신을 존재론적으로 본다는 자체가 신에 대한 불경이다. 스피노자는 이를 의식이라도 한 듯이 신 존재 증명이란 표현을 전혀 사용하지 않는다. 『윤리학』 1부에서는 3가지 방법으로 신 존재를 증명하고 있는 것처럼 보인다. 그 첫 번째가 바로 인과론적 증명 방법이다.

스피노자는 「정리」 3에서 "서로 공통점이 없는 사물들은 그것 중 하나가 다른 것의 원인이 될 수 없다"라고 주장한다. 스피노자의 이 정리는 너무나 당연한 것으로 보인다. 개개 실재 상호 간에 어떤 공통점도 찾을 수 없다면, 이들은 서로 상대방에 의해서 인식될 수 없다. 그렇기 때문에 이들 중 하나는 다른 하나의 원인이 될 수 없다. 이를 역으로 생각하면 인과설이 되는 것이다. 즉 서로 공통점이 있는 사물들은 그것 중 하나가 다른 것의 원인이 될 수 있다. 개개 실재 사이에 조그마한 공통점이라도 있거나 찾을 수 있다면 이들은 서로 상대방에 의해서 인식될 수 있는 것과 같다. 이렇게 공통점과 상대방에 대한 인식을 역으로 거슬러 올라가면 최초의 원인이 나올 것이다. 그리고 그 최초의 원인이 곧 필연적인 신이라고 스피노자는 주장한다.

두 번째 방법은 자기원인설이다. "실체의 본성에는 존재가 속한다"는 「정리」 7은 바로 이 자기원인에 대한 설명이다. 「정리」 6을 보충 설명하면서 스피노자는 실체는 다른 어떤 것에서도 산출될 수 없다고 한다. 자연 안에는 실체와 실체의 변용 이외에는 아무것도 존재하지 않는데, 실체는 결코 실체에서 산출될 수 없다. 바로 이런 관점에서 실체는 다른 실체에서 산출된 것이 아니다. 다른 실체에서 산출될 수 없는 이 실체야말로 자기원인이다. 그래서 실체의 본질은 필연적으로 존재를 포함하든지 아니면 그것의 본성에 존재가 속한다. 자연 안에 존재하는 실체 중 다른 것에 의해서 산출되지 않는 이 실체야말로 자기원인을 가지며, 신이라는 것이 스피노자의 주장이다.

　마지막 세 번째 신 존재 증명은 스피노자가 「정리」 11에서 주장한 실체의 필연적 존재설이다. "신 또는 영원하고 무한한 속성으로 이루어진 실체는 필연적으로 존재"한다. 스피노자는 이 「정리」에서 "또는"이라는 개념을 사용하고 있다. 즉 "신 또는 실체"에서 우리는 두 개념의 동등성, 즉 두 개념이 같다는 것을 알 수 있다. 이는 다른 의미에서 우월성의 문제이다. 신이 실체보다 우월하다거나 실체가 신보다 우월하다는 문제가 아니라 동등하다는 것이다. 『윤리학』 4부, 「머리말」에서 스피노자는 역시 "신 혹은 자연"이라고 표현한다. 이를 스피노자 연구자는 모두 '신 즉 자연'이라고 해석한다. 같은 관점에서 '신 혹은 실체'를 '신 즉 실체'로 이해할 수 있다.

　'신'과 '실체'가 동등하기 때문에 「정리」 11의 영원하고 무한한 속성을 가진 실체가 필연적으로 존재한다는 것이 부정되면 신의 존재도 부정되어야 한다. 인과설에 따르면 개개의 실재가 존재하거나 존재하지 않는 데는 분명 원인이 있다. 그렇다면 이 원인은 어디에 있을까? 스피노자는 「정리」 11의 증명에서 사물의 본성 안에 이 원인이 있다고 설명한다. 예를 들어서 사각의 원이 존재하지 않는 이유는 사각의 원의 본성 자체에 그 원인이 있다. 사각과 원은 도형적으로 각각 다른 존재인데 이를 합쳐 사각의 원이라고 표현한 것은 곧 모순을 내포하고 있다. 스피노자는 여기에 "방해"라는 개념을 사용한다. 사각의 원이라는 본성이 사각의 원을 존재하지 못하게 '방해'한다.

같은 관점에서 실체의 본성은 존재를 내포하고 있기 때문에 실체가 존재하는 것도 개개의 실재와 마찬가지로 그 원인은 실체의 본성에 있다. 이렇게 개개 실재의 존재 여부는 실체의 본성에 있지만, 실질적으로 자연 속에 이 개개 실재가 존재하는가 하지 않는가는 물질적 자연의 보편적 질서에 달려 있다. 예를 들어 삼각형이나 원이 실체의 본성에 따라 존재하지만, 그것의 자연계에서의 존재 여부는 전적으로 물질적 자연의 보편적 질서에 따르기 때문이다.

　　스피노자는 바로 이 물질적 자연의 보편적 질서에 신의 문제를 적용시킨다. 신의 존재 유무는 실체의 본성에 따른다. 그리고 신이 존재하는 원인에 방해가 없다면 신은 필연적으로 존재해야 한다. 만약 신이 필연적으로 존재해야 할 원인이 없다면 신의 본성 자체에 원인이 있거나 다른 실체에 신이 존재하는 원인이 주어져야 한다. 하지만 신의 본성과 다른 본성을 가진 실체는 신과 그 어떤 공통점이 없기 때문에 그 속에서 신 존재 유무의 원인을 찾을 수 없다. 이렇게 신 존재 유무의 원인을 신의 본성 외 다른 실체의 본성에서 찾는 것은 불가능하다. 결국 신 존재 유무의 원인을 신의 안팎에서 찾을 수 없기 때문에 신은 필연적으로 존재한다.

　　이상 우리는 스피노자의 신 존재 증명 방법 세 가지를 살펴보았다. 인과론적 증명 방법과 자기원인설로 시작된 스피노자의 신 존재 증명 방법은 '신 즉 실체'의 필연적 존재로 끝난다. 스피노자의 '신 즉 실체'라는 이 파격적인 생각은 당시 어떤 누구도 생각하지 못한 주장이었을 것이다. 그런데 더 무서운 주장도 있다. 그것은 곧

'신 즉 자연'이다.

스피노자는 이 '신 즉 자연'을 실체라고 말한다. 일반적인 의미에서 "실체란 속성들 즉 무언가를 바로 그것으로 만드는 성질들이 귀속되는 그 무엇"이다. 이런 측면에서 실체는 "진정으로 실재하는 것 또는 현실 세계의 궁극적인 구성요소"이기 때문에 "어떤 실체도 다른 어떤 실체의 속성으로 격하될 수 없다"는 것은 중요한 사실이다. 그래서 실체는 "일체의 채굴이 멈추는 지점"이기 때문에 "모든 탐구가 종착점에 도달하는 지점인 것"이 된다(왜, 294쪽 이하).

바로 여기서 우리는 첫 번째 신 존재 증명의 인과론을 볼 수 있다. 일체의 채굴이 멈추는 지점이란 곧 첫 번째 원인이며, 그 첫 번째 원인이 곧 신이었다. 결국 실체가 신임을 알 수 있고, 이 실체는 '신 즉 자연'이라고 했다. 스피노자는 이렇게 신, 자연, 그리고 실체의 동일성을 강조하였다. 그리고 그의 연구자들은 그의 이런 사상에서 신 존재 증명을 보았다. 무신론자로 오해받은 사람이며, 그것을 느끼고, 알고 있었던 스피노자가 신 존재 증명이란 이름으로 자신의 생각을 정리할 수는 없었을 것이다. 하지만 오늘날 그의 연구자들은 그의 생각 속에서 신 존재 증명을 읽어 냈다. 스피노자도 이에 동의할 것이라 생각한다.

2

라이프니츠의 신 존재 증명

라이프니츠는 1676년 1월 파리에서 하노버로부터 궁중 도서관 사서로 위촉되었다는 소식을 받는다. 하지만 그는 특별한 이유 없이 하노버로 바로 가지 않고 파리에 머문다. 그리고 돌아가는 길에 헤이그의 스피노자를 방문한다. 이 두 사람의 만남을 철학사를 넘어 문화사에서도 '세기의 만남'이라고 표현한다. 그리고 많은 사람이 두 사람이 나눈 대화에 대해서 궁금하게 생각한다. 분명한 것은 그 둘이 신에 관해 많은 대화를 나눴다는 것과 라이프니츠가 스피노자의 영향을 많이 받았다는 것이다. 물론 두 사람이 만나기 전에도 라이프니츠가 스피노자의 영향을 받지 않은 것은 아니다.

> "라이프니츠는 자신의 만물 철학을 웅대하게 서술하리라는 야
> 망을 선포한다. 이 글을 포함해 그보다 앞선 몇 달 동안 그가 쓴 글
> 들에서는 그 이전이나 그 이후에 그가 쓴 다른 저술들과는 확연히
> 구분되는 느슨하고, 개인적이고, 실험적이고, 사변적이고, 논리가
> 일관되지 않는 특징이 드러난다. … 그 글들에서 가장 분명하게 표
> 출된 것은 자기 나름의 철학 체계를 발전시켜서 신, 인간, 그리고
> 구원에 관한 모든 초시간적인 의문들을 해소하겠다는 라이프니츠
> 의 비상한 야심이었다."
>
> • 왜, 339쪽

이렇게 모든 라이프니츠 연구자는 라이프니츠가 스피노자를 만난 것을 기점으로 사상의 변화가 있었음을 말한다. 신 존재 증명에 대한 라이프니츠의 생각도 더 구체적으로 분명하게 변했다. 스피노자의 신 존재 증명이 연구자들의 생각이라면, 라이프니츠의 신 존재 증명은 분명하다. 『단자론』에서 라이프니츠는 충족이유율에 따른 신 존재 증명, 신의 완전성, 영원한 진리의 실재성, 그리고 존재론적 방법 등 네 가지 종류의 신 존재 증명을 한다.

첫 번째 신 존재 증명은 충족이유율에 의한 증명 방법이다(《단자론》 36-39장). 충족이유를 위해 먼저 필요한 것은 우연적 진리와 사실적 진리이다. 세계에 존재하는 개개 실재들은 서로서로 어떤 연결점이나 연관성을 갖고 있다. 세계 내 개개 실재는 다양할 뿐 아니라 무한히 분할 가능하다. 개개 실재가 분할할 때는 분명한 이유가 있지만, 아주 미세한 부분까지 분할이 가능한 것은 분명하다. 이렇게 미세하게 분할이 가능한 개개 실재이지만, 현재 존재하는 개개 실재보다 먼저 존재했던 구체적인 개개 실재가 존재한다. 이것은 내적인 원인이 아니라 외적인 원인으로 우연적인 원인이다. 이런 우연적인 원인으로는 개개 실재가 존재할 수밖에 없는 분명한 원인을 찾을 수 없다.

현재 존재하는 개개 실재가 지금까지 그랬던 것처럼 무수히 분할한다고 할지라도 최종적인 원인이나 근거 없이는 개개 실재가 필연적으로 존재할 수 없다. 그리고 우연적인 원인으로 존재하는 개개 실재 내에서 그 이유를 찾을 수도 없다. 바로 여기서 라이프니츠는 개개 사물의 최종적으로 궁극적인 근거나 이유를 필연적인 실체 안에서 찾는다. 개개 실재가 아닌 "이 실체 안에서는 변화들의 세부 사항이 그 근원 안에서와 같이 탁월한 방식으로 포함"되어 있는 것이다. 그리고 "이러한 실체를 신"이라고 한다(《단자론》 38장). 이 실체는 "서로 빈틈없이 연결되어 있는 개개 실재에 충분한 근거가 되기 때문에 하나의 신만이 존재하고 그 하나의 신만으로" 이 세계는 충분하다(《단자론》 39장).

개개 실재가 존재하게 된 충분하고도 궁극적인 이유를 우연적 원인과 함께 내부에서뿐 아니라 밖에서도 찾는다. 이때 개개 실재의 궁극적인 이유는 필연적인 실체가 되고, 이 실체가 곧 신이다. 그렇기 때문에 신만이 개개 실재의 변화무쌍함을 충분하게 설명할 수 있는 것이다. 그리고 이 실체는 개개 실재가 존재하게 되는 필연적인 실체이기 때문에 이 실체에 의존하지 않고 독립적으로 존재하는 개개 실재는 어디에도 없다. 그리고 이 실체는 개개 실재로 현실화될 수 있는 충분하고 무한한 가능성을 갖고 있기 때문에 어떤 제약도 받지 않으며, 갖고 있지도 않다. 그리고 이 가능성은 어떤 개개 실재가 될지 모르기 때문에 실체는 가능한 한 충분한 실재성을 포함하고 있어야 한다.

개개 실재 사이에는 존재하게 되는 충족이유가 필요하다. 이를 위해 신은 필연적으로 존재한다. 그런데 라이프니츠에게 실체는 단자로 다른 개개 실재의 단자와 다르지 않다. 개개 실재가 필연적으로 존재하기 위해서는 먼저 가능적으로 존재해야 한다. 그렇다면 신의 존재 역시 가능적인 존재여야 한다. 어떤 무엇도 신의 존재 가능성에 대해서 간섭할 수 없기 때문에 신의 가능성이 먼저 확보되어야 신이 필연적으로 존재하게 되는 충족이유가 성립된다는 것이 라이프니츠의 충족이유율에 따른 신 존재 증명 방법이다.

라이프니츠가 『단자론』에서 주장하는 두 번째 신 존재 증명법은 완전성이다.

> "이로부터 신은 절대적으로 완전하다는 결론이 나온다. 완전성
> 이란, 우리가 실재성을 가지고 있는 사물들의 한계나 제한을 도외
> 시할 때 얻는, 적극적 실재성 그 자체의 크기에 다름 아니기 때문
> 이다. 그리고 어떠한 제한도 없는 곳, 즉 신 안에서는 완전성은 절
> 대적으로 무한하다."　　　•《단자론》 41장(『형이상학 논고』, 270쪽)

『단자론』 41장에 따르면 완전성이란 적극적인 실재성의 현존 외에 다른 것이 아니다. 신 안에는 아무런 제한도 제약도 없고 완전성이라는 절대적으로 무한함만 존재한다. 최고의 실체인 신은 개개 실재의 창조를 위해 가능한 많은 실재성을 포함하고 있어야 하기 때문에 절대적으로 완전할 수밖에 없다. 그리고 신의 완전성에서 피조물의 완전성이 나온다. 하지만 어떤 피조물도 신의 완전성과 같은 완전성을 가진 것은 없다. 이것이 신과 피조물의 차이로, 고유한 본성 때문이다. 이 완전성이야말로 신과 피조물이 구별되고 신의 존재를 증명하는 방법이라 할 수 있다.

세 번째 『단자론』에서 나타난 신 존재 증명은 영원한 진리의 실재성이다. "신은 존재의 근원"이기도 하지만 "본질의 근원 혹은 가능적인 것 안에서 실재적으로 포함되어 있는 것의 근원"이라고도 할 수 있다. 신은 현존하는 개개 실재의 원천이기도 하지만 앞으로 분할될 개개 실재의 가능적인 것 안에 실재하는 잠재적 존재의 원천이기도 하다. "신의 오성이란 영원한 진리이며 그것이 의존하고 있는 관념의 영역"이다. 그렇기 때문에 신의 오성이 없다면 어떠한 개개 실재의 존재도 불가능하게 되고, 신이 없다면 개개 사물의 실재성이나 가능성도 사라지는 것이다(《단자론》 43장).

> "왜냐하면 본질이나 가능적인 것 안에 또는 영원한 진리 안에 실재성이 존재한다면, 이 실재성은 어떤 현존하는 것 그리고 실제적인 것, 따라서 그에게 있어서는 본질이 존재를 포함하는, 그리고 현실적이기 위해서는 가능한 것으로 충분한, 필연적인 존재의 현존 안에서 그 근거를 가져야만 하기 때문이다."
>
> • 《단자론》 44장(『형이상학 논고』, 2/2쪽)

마지막 라이프니츠의 신 존재 증명은 존재론적인 방법이다. "신 혹은 필연적 존재만이 그가 가능하다면 필연적으로 존재하게 되는 특권"을 갖는다. 물론 이 신 존재 증명을 위해서 우리는 먼저 완전성과 실재성을 전제로 해야 한다. 완전성은 신을 의미한다. 그러나 개개 실재는 신의 완전성에 의한 가능적 존재이다. 만약 필연적인 존재로서 신이 가능적으로 존재한다면 필연적으로 실재적으로 존재할 수밖에 없는 특권을 갖게 된다. 이 가능적 존재는 완전한 존재와 다르게 제약이나 부정 혹은 모순을 포함한다. 그러므로 제약이나 모순 혹은 한계를 갖지 않고 가능성을 방해할 수 있는 것은 없다. 따라서 한계나 부정을 포함하지 않고, 모순도 포함하지 않은 가능성을 방해할 수 있는 것은 아무것도 없다. 바로 여기서 '신의 실재성 혹은 현존은 선험적_a priori_'으로 인식된다(《단자론》 45장).

이상 네 가지가 『단자론』에 나타난 라이프니츠의 신 존재 증명 방법이다. 스피노자와 다르게 라이프니츠의 신 존재 증명 방법은 연구자의 유추가 아니다. 두 사람의 같으면서도 다른 점을 우리는 찾아볼 수 있다.

제6장

결정론적 세계관과
예정조화설

frenemy

1

스피노자의 결정론적 세계관

스피노자의 『윤리학』 1부에서 가장 많이 논의된 내용은 신, 자연, 그리고 실체에 관한 것이다. 특히 소산적 자연과 다르게 능산적 자연을 설명하면서는 이 셋을 동일한 것으로 본다. 스피노자의 신과 자연의 동일성은 그를 무신론자로 보기에 충분하다. 그것도 가장 불경스러운 무신론자로 말이다. 하지만 우리는 신과 자연의 동일성에서 그의 새로운 이론을 찾아낸다. 즉 결정론적 세계관이다. 스피노자는 『윤리학』 1부 마지막 부분에서 그의 중요한 이론 중 하나인 결정론적 세계관에 대한 주장을 하고 있다.

신, 자연, 그리고 실체의 동일성은 자연의 질서와 함께 세계가 이미 결정되어 있다는 그의 생각이다. 세계와 개개 실재는 과연 창조될 때 이미 필연적으로 그렇게 움직이고 생성·소멸되게 운명처럼 결정되어 있을까? 스피노자에게 있어서 지성은 신의 속성과 변용을 파악하는 중요한 개념이다. 그리고 이 "지성은 능산적 자연이 아니라 소산적 자연"(『윤리학』 1부, 「정리」 31)이다. 결국 능산적 자연과 소산적 자연을 구별하는 가장 중요한 개념은 지성이다. 반대로 이 지성을 어떻게 이해하느냐에 따라 능산적 자연과 소산적 자연의 구별도 가능해진다. 절대적 사유로 지성을 이해하면 능산적 자연이지만, 사유의 양태로 이해하면 소산적 자연이 된다. 예를 들어서 의지, 욕망, 사랑과 같은 개념은 절대적 사유로 이해하기 때문에 능산적 자연이다. 하지만 지성은 사유의 양태이기 때문에 절대적 사유로 이해할 수 없는 소산적 자연이다.

절대적 사유란 신의 속성 없이 파악될 수 없다. 그런데 지성은 절대적 사유가 아니기 때문에 신의 속성 없이 파악된다. 그래서 소산적 자연이다. 여기서 우리는 의지와 지성을 다르게 보아야 한다. 의지도 지성처럼 사유의 양태이다. 그러나 의지는 '자유 원인이 아니라 필연적 원인'이다(『윤리학』 1부, 「정리」 32). 의지는 지성과 같은 양태지만 능산적 자연이며, 필연적 원인이기 때문에 지성과 구별된다. 스피노자에게 능산적 자연은 신, 자연, 그리고 실체와 동일하다. 능산적 자연으로서 신의 특징 중 하나는 무한이다. 그렇다면 의지는 지성과 다르게 유한한 것이 아니라 무한하다.

그리고 자유 원인이 아닌 필연적 원인에는 인과율이 적용된다. 이 인과율에 따라 생긴 의지는 필연적 원인에 의해서 생긴 것이기 때문에 다른 원인에 영향을 주고 또 이 의지를 매체로 다른 결과물이 생겨난다. 물론 하나로 끝나지 않고 끊임없이 또 다른 결과물을 만들어 낼 것이다. 이렇게 의지는 필연적으로 계속 인과론에 의해서 이어진다. 의지는 무한하지만 신의 존재와 작용에 의해 결정되기 때문에 신과 같이 절대적인 무한성을 가진 것은 아니다. 단지 의지는 신의 영원성과 무한성의 본질에서 나오는 무한한 속성을 갖고 있을 뿐이다. 엄밀한 의미에서 무한한 속성을 가진 의지는 무한한 것이 아니라 유한하다고 할 수 있다.

여기서 의지의 무한성이나 유한성보다 더 중요한 것은 "의지가 존재의 작용을 결정하는 원인을 요구하는 것"(『윤리학』 1부, 「정리」 32, 〈증명〉)이다. 바로 이런 관점에서 의지는 필연적 원인이라는 두 가지 결론이 나온다. "신은 의지의 자유로 작용하는 것이 아니다"(『윤리학』 1부, 「정리」 32, 〈보충〉 1). 그리고 "신의 본성에 대한 의지와 지성은 운동과 정지의 관계"(『윤리학』 1부, 「정리」 32, 〈보충〉 2)다. 후자의 경우에는 신과 피조물인 개개 실재의 관계를 의미한다. 개개 실재는 신의 결정에 의해서 생성되는 것이다. 바로 이런 점에서 신이 의지의 자유로 행동하지 않는 것과 마찬가지로 의지도 신의 본성에 속하지 않는다. 운동과 정지의 관계 속에 신의 본성과 의지의 관계가 놓여 있는 한 의지는 신이 정해 준 방식이나 계획대로 움직이거나 정지할 수밖에 없다.

이렇게 이 관계는 인과율을 따른다. 신의 본성과 의지가 운동과 정지의 관계라는 인과율이 적용된다면 어떤 예외도 인정되어서는 안 된다. 개개 실재는 현재 존재하는 그 모습 그대로 존재해야 하며 다른 모습으로 존재하면 안 된다. 바로 이런 관점에서 개개 실재는 우연이 아니라 필연적인 원인으로 존재한다. 그러므로 개개 실재가 "신으로부터 현재 생산된 다른 어떤 방식 혹은 어떤 다른 질서에 의해 생성될 수 없게" 세계는 이미 결정되어 있는 것이다(『윤리학』 1부, 「정리」 33). "신의 본성에 의해서 필연적으로 무한한 것이 무한한 방식으로 생겨나는"(『윤리학』 1부, 「정리」 16) 이유는 개개 실재의 "본성에 우연한 것은 어떤 것도 주어지지 않으며, 모든 것은 일정한 방식으로 존재하고 적용하게 신적 본성의 필연성에 의해서 결정"(『윤리학』 1부, 「정리」 29)되기 때문이다.

개개 실재의 모습이 지금 현재 모습과 다를 수 없음은 결국 신의 본성 때문이다. 반대로 개개 실재의 모습이 현재와 다르다면 당연히 신의 본성이 그렇게 결정했기 때문이다. 개개 실재가 어떤 모습이든 결국 신의 본성이 그렇게 작용하도록 규정되어 있다는 의미이다. 이렇게 개개 사물 속에 우연은 결코 존재하지 않고 필연적이다. 운동과 정지의 관계에서 본다면 신의 본성에 있는 운동인이 필연적으로 개개 실재를 생기게 만든 것이다. 반대로 개개 실재가 존재하지 않는 것도 운동인에 의해서 필연적으로 존재하지 않게 한 것이다.

여기서 한 가지 해결되지 않은 것은 완전성의 문제이다. 신의 특징 중 하나는 완전성이다. 하지만 개개 실재는 결코 완전하지 않다. 개개 실재는 완전한 신의 본성에서 필연적으로 생성된다. 많은 사람은 이렇게 완전하지 않은 개개 실재로 신의 완전성을 보기 때문에 결정론적 세계관에 대해서 의문을 갖기도 한다. 인과율은 원인과 결과의 문제가 완전한 신의 본성에서 불완전한 개개 실재가 나왔다고 해서 능산적인 생각을 부정한다거나 신의 원인이 아니라 할 수 없다. 스피노자의 관점에서 분명한 것은 개개 사물은 신의 결정과 의지에 의해서 생성된 것이 분명하며, 완전한 신의 본성에 의해서 개개 사물의 모든 결정과 의지가 정해졌다는 것이다.

스피노자가 자신의 결정론적 세계관을 가장 잘 설명하고 있는 예는 이미 우리에게는 일반적인 예가 되었다.

> "예컨대 만일 지붕 위의 돌이 머리에 떨어져서 어떤 사람이 죽었다면, 그들은 돌이 그 사람을 죽이기 위해서 떨어졌다고 여기고 다음과 같이 주장할 것이다. 만일 돌이 신의 의지에 따라서 그러한 목적을 위하여 떨어진 것이 아니라면, 어떻게 그렇게 많은 사정이 (왜냐하면 주변의 많은 사람이 흔히 동시에 일어나기 때문에) 우연히 일치할 수 있는가?"
>
> •『에티카』, 72쪽

이런 질문을 받으면 많은 사람은 "바람이 불어서" 혹은 "그 사람이 우연히 그곳을 지나가서"라고 대답할 것이다. 그러면 누군가는 "왜 바람이 바로 그때 그곳에 불었어?"라거나 "왜 바로 그때 그 사람은 그곳을 지나갔어?"라고 되물을 것이다. 이때 질문에 대한 답은 또 이어질 것이다. "그 친구는 다른 친구의 초대를 받았어" 하고 말이다. 그럼 또 "왜 그 친구는 하필 그때 초대를 받았어?"와 같은 질문이 이어질 것이고, 대답은 원인과 결과의 관계로 계속될 것이다. 이 대화의 결말은 "신의 의지" 혹은 "몰라"라는 답이 나올 때까지 이어질 것이다. 이렇게 결정론적 세계관의 인과율은 기계적인 방법이 아닌 '신적 혹은 초자연적'으로 서술되기 때문에 어떤 부분도 손실 없이 끝날 수 있는 장점이 있다는 것이(『윤리학』 1부, 「정리」 36, 〈부록〉) 스피노자의 주장이다.

한 가지 분명한 것은 개개 실재가 현재의 모습이 아닌 다른 모습으로 존재하고 있다는 것이다. 그리고 우리가 모르는 것은 개개 실재가 현재의 모습이 아닌 다른 모습으로 존재할 수 있을까 하는 것이다. 여기서 결정론적 세계관에 따르면 신의 완전성에 의해서 현재의 개개 실재가 주어져 있다고 생각한다. 그리고 신은 자신의 지성 안에 있는 모든 것을 스스로 인식한 것과 같이 자신의 완전성으로 개개 실재를 창조한다.

2
|
라이프니츠의 예정조화설

스피노자의 결정론적 세계관과 같은 사상이 라이프니츠의 예정조화설이다. 라이프니츠는 『단자론』과 『자연과 은총의 이성적 원리』에서 이 예정조화설에 대해서 설명하고 있다. 자연은 단자로 가득 차 있고, 단자의 고유 활동을 통해 서로 구별되는 단순한 실체가 존재한다. "세계가 빈틈없이 가득 차 있기" 때문에 개개 존재는 "서로 결합되어" 있다. 그리고 개개 실재는 "거리에 따라 다른 모든 물체에 영향"을 조금씩 미치고 있다. 개개 실재는 서로 영향을 주고받기 때문에 모든 단자는 자신의 입장에서 "우주를 표현하고 우주 자체와 동일하게 규정"된다. 뿐만 아니라 모든 단자는 "내적 활동이 가능한 살아 있는 거울"인 것이다(자연 3장).

> "물체들의 변화와 외부에 있는 현상들이 작용 원인의 법칙, 즉 운동의 법칙에 따라 서로 발생하듯이, 모나드 내부에 있는 지각들은, 규칙적이든 불규칙적이든 감지할 수 있는 지각 안에 존재하는, 욕구 또는 선과 악의 목적인의 법칙에 따라 서로 발생한다. 따라서 모나드의 지각과 물체의 운동들 사이에는, 태초부터 작용인의 체계와 목적인의 체계 사이에 예정된 완전한 조화가 존재한다."
>
> • 자연 3장(『형이상학 논고』, 230쪽)

이렇게 라이프니츠는 『자연과 은총의 이성적 원리』에서 세계에 충분한 모든 단자 간에 주고받는 영향과 운동 법칙을 바탕으로 예정조화설을 주장한다. 사실 운동 법칙은 인과법칙으로도 설명이 가능하다. 한 운동은 다른 운동에서 나온다. 마찬가지로 단자의 현재 상태는 앞의 다른 상태에서 나온다. 세계에 가득 찬 단자는 운동을 통해 서로에게 영향을 준다고 했다. 운동의 법칙에 따라 영향을 받았다는 것은 곧 인과법칙으로 영향을 받은 것과 다르지 않다. 라이프니츠는 이를 『단자론』 22장에서 "단순한 실체의 모든 현재 상태는 그들의 앞의 다른 상태의 자연스러운 결과이기 때문에 현재는 미래를 자신 안에 품고 있다"라고 설명한다.

우리가 결정론적 세계관이나 예정조화설에 대해서 항상 갖는 의문이 있다. 즉 인간은 선험적으로 이 세계에서 일어나는 모든 것이 이렇게가 아니라 다르게 일어날 수도 있지 않느냐고 생각한다. 스피노자나 라이프니츠도 이 질문을 하였고, 앞으로 모든 사람은 다 할 것이다. 그러나 답은 항상 하나고, 그 답은 항상 신에서 찾는다. 스피노자도 그랬고 라이프니츠도 마찬가지이다. 라이프니츠는 이렇게 대답한다.

> "신은 전체의 질서를 정함에 있어서 모든 개별적인 부분들과 특히 본성에 의해 표상하도록 창조된 모든 개별적인 모나드들을 고려하였기 때문에, 비록 세계의 개별적 사물들과 관련해서는 이 표상이 모호하고 단지 사물의 아주 작은 부분에서만, 즉 그 모나드에게 가장 가깝거나 가장 큰 사물에서만 판명하기는 하지만 ─왜냐하면 그렇지 않다면 모든 모나드는 바로 신일 것이기 때문이다─ 이들로 하여금 사물의 단 한 부분만을 표상하도록 제한할 어떤 것도 존재하지 않는다." •《단자론》60장(『형이상학 논고』, 279쪽)

이렇게 신은 세계 속 개개 실재의 질서를 정할 때 각각의 부분에 해당하는 개별적인 단자에 대해서 충분히 고려했기 때문에 조화를 이룬다. 뿐만 아니라 단자는 표상되어야 하기 때문에 단자 일부를 제한하거나 억제하면 결코 표상이 될 수 없다. 그렇다고 단자가 세계 전체를 너무 정확하게 표상하면 모든 단자는 곧 신이 되고 만다. 즉 단자가 제한받는 것은 대상이 아니라 대상을 표상하는 방법이다. 이 표상하는 방법 때문에 단자가 무한으로 세계를 채우지 못하고 서로 제한되고 구별되는 것이다. 이런 이유 때문에 세계 안에 존재하는 개개 실재를 누군가는 알 수 있다. 이 사람이 바로 "모든 것을 보는 사람der Allsehende"(《단자론》 61장)이다. 모든 것을 보는 이 사람은 우주 혹은 세계 속에서 시공을 초월하여 생기는 모든 것을 알 수 있다.

아리스토텔레스는 영혼을 살아 있는 생명체의 엔텔레키라고 규정한다. 라이프니츠도 생명체 안에 들어 있는 영혼을 엔텔레키로 표현하고 있다. 즉 창조된 단자 중에 일부가 엔텔레키를 가짐으로써 물체와 육체가 보다 분명하게 표상된다. 엔텔레키를 가진 창조된 단자는 우주에 가득 차 있고, 우주 전부를 표상할 수 있다. 이렇게 함으로 모든 단자는 우주 혹은 세계 안에 일어나는 모든 것을 감시 감독할 수 있게 된다. 감시 감독을 하려면 표상이 없으면 불가능하다. 즉 창조된 단자는 우주 안의 모든 개개 실재와 상호 관계를 맺으며 우주를 표상하는 것이다.

단자를 엔텔레키로 삼고 있는 육체는 유기적인 생명체를 구성한다. 그리고 단자는 고유한 방법으로 우주를 표상하는 거울이다. 표상하는 쪽에서 볼 때 완전한 질서로 구성된 우주는 완전함 그 자체이다. 마찬가지로 우주의 질서를 구성하는 것 중 하나인 육체도 반드시 질서정연하게 놓여 있다. 바로 이런 관점에서 "모든 생명체의 유기적인 육체는 신적인 기계로 인간이 만든 어떤 인공적 자동 기계보다 더 뛰어난 자연적인 자동 기계"이다. 인간이 만든 기계를 예로 들어 본다면 톱니바퀴의 경우 톱니 하나하나를 우리는 기계라 하지 않고 부품이라고 한다. 즉 부품이 결합하여 하나의 기계가 완성되고 그 역할을 할 수 있다. 그러나 자연의 기계는 부품도 하나의 기계 역할을 담당한다. 즉 자연의 아무리 작은 부분 하나하나도 그 자체로 하나의 무한한 세계라는 의미를 갖는다. 여기서 우리는 "자연과 인간이 만든 것" 그리고 "신의 손에 의해서 만들어진 기술"과 "인간의 기술"을 구별한다(《단자론》 64장).

> "자연의 창조주만이 이 신적이고 무한히 놀라운 예술품을 창조할 수 있었다. 왜냐하면 물질의 각 조각은, 옛사람들이 올바로 인식했듯이, 무한히 분할 가능할 뿐만 아니라, 실제로 끝없이 계속하여 분할되어 있고, 각 부분은 다시 부분으로 분할되어 있기 때문이다. 이 부분들 중의 각각은 각자에게 고유한 운동을 가지고 있다."
>
> • 《단자론》 65장(『형이상학 논고』, 285쪽)

이렇게 물체의 부분 하나하나는 우주를 표현한다. 그리고 이 부분 하나하나 속에 "피조물의 세계, 생명체의 세계, 동물의 세계, 엔텔레키의 세계"가 존재한다(《단자론》 66장). 우주를 가득 채운 이 물체 하나하나는 나뭇잎 하나가 정원의 일부가 되고, 물고기 비늘 하나가 연못의 일부를 채우는 것과 같다. 반대로 나뭇잎 하나와 물고기 비늘 하나가 정원을 구성하고 있다. 하지만 조금만 거리를 두고 정원이나 연못을 보면 나뭇잎이나 비늘은커녕 나무도 물고기도 제대로 보이지 않고 나뭇잎이나 물고기의 움직임만 보일 것이다. 이렇게 우리는 관찰하고자 하는 물체를 조금만 멀리서 보면 약간의 운동만 보일 것이고 혼동에 빠질 것이다. 마찬가지로 우주의 질서가 없거나 우주의 혼돈이 존재하는 것이 아니라 우리가 실질적인 모습을 보지 못할 뿐이다.

이렇게 육체든 물체든 그 움직임의 중심에는 엔텔레키가 있다. 정원이나 연못 속의 나무나 물고기도 엔텔레키를 갖고 있지만, 정원과 연못도 엔텔레키가 있다. 이렇게 모든 물체에는 엔텔레키가 있고, 그 물체를 지배하는 상위의 엔텔레키도 동시에 존재한다. 즉 창조된 단자는 신처럼 혼자 독립할 수 없기 때문에 공동체로 존재해야 한다. 이때 개개 실재뿐 아니라 공동체도 엔텔레키의 지배를 받아 유기적으로 생명체는 움직이게 되는 것이다. 즉 모든 것은 예정조화에 따라 움직일 수밖에 없다.

이상을 바탕으로 라이프니츠는 『단자론』 78장부터 본격적으로 예정조화에 관한 내용을 서술한다. 모두 세 가지 예정조화설이 있다. 그 첫째는 "영혼과 유기체적인 육체와의 조화 혹은 일치"이다. 영혼이 자신만의 법칙을 갖고 따르듯이 육체도 자신만의 법칙을 갖고 따른다. 영혼과 육체가 각자의 법칙을 갖고 따르는 이유는 실체 안에 존재하는 예정조화die prästabilierte Harmonie때문이다. 이것이 라이프니츠의 예정조화설 중 첫 번째인 영혼과 육체의 조화이다.

모든 실체가 하나의 우주를 표현하기 때문에 이 영혼과 육체의 조화가 가능해지는 것이다. 우주를 가득 채우고 있는 단자 전체의 합은 우주와 같다. 우리가 우주가 하나라고 지각하는 순간 우주와 지각의 예정조화가 나타난다. 물론 이 우주와 지각의 예정조화를 영혼과 육체의 조화로 보는 라이프니츠 연구자도 있지만, 또 다른 예정조화설로 보는 연구자도 있다. 이때 라이프니츠의 예정조화설은 셋이 아니라 넷이 된다.

라이프니츠는 두 번째 예정조화에 대해서 다음과 같이 설명하고 있다.

> "영혼은 욕구 및 목적과 수단을 통하여 목적인의 법칙에 따라 작용한다. 육체는 작용인 또는 운동의 법칙에 따라 작용한다. 그리고 이 두 왕국, 즉 작용하는 원인의 왕국과 목적인의 왕국은 서로 조화를 이룬다."　　　•《단자론》79장(『형이상학 논고』, 292쪽)

영혼은 목적인의 법칙에 따르는 반면 육체는 작용인과 운동인의 법칙에 따른다. 우주가 육체와 영혼의 조화라면 목적인과 작용인 혹은 운동인은 조화를 이룰 수밖에 없다. 이것이 라이프니츠의 두 번째 예정조화이다. 라이프니츠는 이것을 예정조화체계System der prästabilierten Harmonie라 규정하고(《단자론》 80장), 예정조화체계에서는 "육체가 전혀 영혼이 존재하지 않는 것처럼 작용"한다는 하나의 불가능한 전제를 한다(《단자론》 81장). 영혼과 육체가 서로 없는 것처럼 작용하지만 이 둘은 항상 서로에게 영향을 주고받고 있다.

이어서 라이프니츠는 일반적인 영혼과 이성적 정신으로 세 번째 예정조화를 설명한다. 이성적 정신이 모인 곳이 바로 신의 왕국이다. 이 신의 왕국은 가장 완벽한 군주가 다스리는 동안 완벽한 나라가 된다. 그리고 이 신의 왕국에도 "물리적인 자연의 왕국"과 "도덕적인 은총의 왕국"이 있다. "우주라는 거대한 기계를 움직이는 기술자로서 신"과 "정신으로만 이루어진 신의 국가 군주로서 신" 사이에 존재하는 조화가 바로 그것이다(《단자론》 87장).

이 세 번째 예정조화에 따라 세계 내의 개개 실재는 자연의 길을 통해 은총에 이른다. 정신적 이성의 지배자는 벌과 보상을 줄 정신을 관리하는 역할을 담당한다. 그리고 이성적 정신만이 신과 화합할 수 있기 때문에 물리적인 자연의 왕국을 건설하고 우주 혹은 세계 속에서는 도덕적인 은총의 왕국을 건설한다. 이 두 왕국은 개개 실재의 육체와 정신처럼 완벽한 조화를 이룬다. 이런 조화를 알고 있는 동물 중에서도 인간은 현재보다 더 나은 우주, 세계, 혹은 왕국을 원한다.

이상이 『자연과 은총의 이성적 원리』와 『단자론』에 나타난 라이프니츠의 예정조화설이다. 두 저서의 내용이 비슷하고, 특히 『단자론』은 시의 형식으로 표현되었기 때문에 어려움이 적지 않다. 하지만 라이프니츠는 스피노자보다 조금은 구체적으로 표현하고 있다. 두 사람을 비교하면서 그 내용이나 서술 방법이 많이 비슷하고 닮아 있음을 우리는 쉽게 알 수 있다. 아쉬운 것은 17세기라는 시대적인 한계와 네덜란드와 독일이라는 국가적인 상황 때문에 우리의 두 철학자는 자신들이 하고 싶었던 얘기를 다 하지 못했다는 점이다. 하지만 그들을 연구하는 연구자들이 그들의 뜻을 충분히 잘 읽어 낼 수 있을 정도로 자세하게 표현한 것이 다행으로 생각된다.

스피노자와 라이프니츠

frenemy

1

헤이그의 두 철학자

1676년 네덜란드 헤이그, 44살의 스피노자와 30살의 라이프니츠, 이 두 사람의 만남을 우리는 세기의 만남이라고 한다. 1791년 또 한 번의 세기의 만남이 이루어진다. 칸트와 피히테이다. 피히테가 칸트를 방문하면서 두 사람의 만남은 이루어진다. 라이프니츠와 스피노자, 두 사람의 만남 역시 라이프니츠가 스피노자를 방문하면서 이루어진다. 후배가 선배를 찾았다기보다 조금은 자유로운 사람이 조금 그렇지 못한 사람을 찾았다는 표현이 맞을 것이다. 역사는 항상 궁금해한다. 이들이 나눈 얘기가 무엇일까 하고 말이다. 물론 외적으로 드러난 것은 있다. 하지만 드러나지 않은 것도 분명 있을 것이다. 우리는 그것이 궁금할 뿐이다.

스피노자에 붙는 수식어는 많다. 자신이 믿는 종교로부터 파문당한 사람, 극단적으로 위험한 무신론자, 은둔 철학자, 익명의 저자, 사후 더 유명해진 철학자 등등. 반면 라이프니츠에게는 철학보다 정치에 관심이 많았던 사람, 철학보다 외교를 잘했던 사람, 철학서보다 외교문서에 능통했던 사람 등등. 하지만 두 사람의 공통점은 수학을 사랑하고 과학을 받아들였다는 것이다. 스피노자의 『윤리학』은 수학적 사고를 바탕으로 저술되었고, 라이프니츠는 계산기를 발명하고 미분과 적분을 발견한 철학자로 유명하다.

하지만 두 사람의 극명한 차이는 장례식에서 찾아볼 수 있다. 스피노자의 장례식에는 남녀노소가 없었고 신분과 관계없이 성대하게 치러졌다. 반면 라이프니츠의 장례식은 그의 업적이나 귀족과의 관계, 하노버 가문과 프로이센에 끼친 영향이나 남긴 업적 그리고 베를린학술원에 남긴 업적 등을 고려할 때 너무나 초라했다. 우리는 여기서 두 사람의 차이와 공통점을 찾아볼 수 있을 것이다.

데카르트를 비롯하여 우리의 두 철학자를 포함해 철학사에서는 유럽의 합리주의자라고 한다. 하지만 데카르트주의는 있지만 두 사람의 학파는 없다. 하지만 이 두 사람의 철학자 이후 수없이 많은 철학자들이 이들의 사상에 매료된다. 물론 스피노자의 경우 증오하는 사상가도 적지 않았다. 심지어 흄David Hume(1711-1776)은 "괘씸한 가정"이라고 했고, 레싱Gotthold Ephraim Lessing(1729-1781)은 "사람들은 스피노자에 대해서 죽은 개 취급"했다는 표현으로 당시 스피노자를 증오한 사람들의 생각을 전하고 있다. 하지만 레싱은 "스피노자 철학 외에 철학은 없다"며 스피노자주의자가 되었다(철학, 195쪽).

스피노자는 이렇게 철학자뿐 아니라 극작가에게도 많은 영향을 주었으며 특히 독일 사상가에게 많은 영향을 주었다. 무엇보다 철학에 많은 관심을 갖고 있던 위대한 시인 괴테는 스피노자의 『윤리학』에 심취하였고, 자신의 문학에 접목시켰다. 스피노자의 철학을 통해 괴테는 "체념해야 한다는 가르침"과 "자연이 부과하는 제한을 받아들이지 않으면 안 된다는 가르침"을 배웠다. "베르테르의 열광적 낭만주의에서 후년의 고전적인 차분함으로 높혀진 것은 어느 면에서 스피노자라는 고요한 공기를 호흡했기 때문"인 것으로 보인다 (철학, 195쪽).

독일의 신학자이며 문예비평가 헤르더Johann Gottfried Herder(1744-1803)도 "스피노자를 높이 평가"하였으며 노발리스Novalis(1772-1801)라는 필명으로 잘 알려진 독일의 시인이며 철학자인 하르덴베르크 Georg Friedrich Freiherr von Hardenberg 남작은 스피노자를 "신에 도취한 사람이라고 묘사"한 것으로 유명하다(『합리론』, 421-422쪽).

피히테, 셸링, 헤겔로 이어지는 독일 관념론자는 칸트의 인식론에 스피노자의 신 문제를 결합하여 자신들만의 범신론을 완성시켰다. 인간은 스스로 본성을 지키려고 노력한다. 본성을 지키려는 노력을 스피노자는 코나투스conatus라고 한다(『윤리학』 3부, 「정리」 6). 특히 이 코나투스 개념은 많은 철학자에게 영향을 주었다. "피히테의 자아, 쇼펜하우어의 살려는 의지, 니체의 권력에의 의지, 베르그송의 생의 약진"과 같은 개념들은 모두 이 코나투스에서 영향을 받고 탄생된 개념들이다. 특히 헤겔은 "스피노자의 체계가 너무 생기가 없

고 딱딱하다고 불평"했지만, "철학자가 되려면 먼저 스피노자주의
자가 되어야 한다"라고 자신의 솔직한 심정을 말했다(철학, 200쪽). 이
들은 독일 관념론을 비롯하여 초인주의와 염세주의 등 독일이 중심
이 된 철학을 이끌었지만, 실질적으로 이들의 철학은 유럽의 철학을
이끌었다. 이런 관점에서 스피노자의 철학은 유럽 철학을 이끄는
데 중요한 단서를 제공하였다.

스피노자가 죽은 다음 많은 시간이 흘렀지만 그에게 주어진 무신
론자라는 말은 쉽게 사라지지 않았다. 즉 스피노자는 살아 있는 동
안에도 여러 사람과 교류를 하면서 영향을 주었지만, 그의 철학은
많은 부분이 가려져 있었다. 하지만 사후 그의 철학이 완전히 알려
지면서 더 많은 사상가들이 영향을 받았다.

반면 라이프니츠는 그렇지 않았다. 그는 살아 있는 동안에 이미
많은 저서를 남겼으며, 많은 귀족들이 그의 저서를 기다리기도 했
다. 뿐만 아니라 그의 주변에는 많은 귀족들이 있었다. 대표적인 인
물이 소피와 소피 샤를로테 왕비이다. 이들은 무조건적인 라이프니
츠의 후견인이었다. 이렇게 라이프니츠는 귀족은 아니었지만 연금
술협회 때부터 귀족들과 함께 했고, 하노버 공국의 법률고문관과 베
를린학술원장이라는 직위까지 올랐다. 박사학위를 받은 이후 라이
프니츠는 항상 귀족들과 함께 생활하였고 그들을 도왔다.

"라이프니츠는 귀족 사회와 어울려 사는 삶이 너무나 안락하다
고 느꼈던지, 언젠가 한번은 아예 작정하고 귀족처럼 행세하기로

작심했던 것 같다. 그는 편지에 서명을 할 때 성과 이름 사이에 다 아주 작고 알아보기 어려운 글자를 휘갈겨 쓰기 시작했다. 그 글자는 은근히 점점 커졌고, 마침내 누가 보더라도 마치 고트프리트 빌헬름 폰 라이프니츠Gottfried Wilhelm von Leibniz의 v를 나타내는 것처럼 보였다.”

• 왜, 480-481쪽

오늘날에도 사용되는 ‘으로부터’의 의미를 갖고 있는 독일어 ‘von폰’은 당시에는 귀족들 성 앞에 붙어 귀족임을 나타냈다. 물론 라이프니츠는 나중에 더 이상 ‘von’을 사용하지는 않았지만 충분히 오해를 받을 수 있는 부분이다.

저서도 마찬가지이다. 『단자론』이 프랑스의 레몽 공작에게 보낸 편지 형식으로 쓰인 책이며, 『변신론』은 소피 샤를로테와 궁중에서 나눈 대화를 중심으로 저술되었음도 우리는 잘 알고 있다. 라이프니츠는 이렇게 귀족과 어울리면서 귀족을 위한 저술을 남기다보니 철학적인 면을 스피노자와 다르게 깊이 있게 다루지 못했다는 평가도 받는다. 즉 그의 저술은 지극히 정치적이라고 할 수 있다.

스피노자가 신을 자연과 동일시함으로 얻은 결과는 무신론자라는 비판이다. 이 부분에 대해서는 여전히 논란의 대상이다. 스피노자는 유대인 사회로부터 무신론자라는 이유로 파문을 당한다. 무신론자란 신을 부정하는 것이다. 하지만 스피노자는 『윤리학』에서 신 존재를 증명하고 있다. 물론 스피노자 스스로 신 존재를 증명한 것이 아니라 그의 연구자가 그렇게 본 것이다.

스피노자의 무신론을 둘러싸고 항상 문제되는 것은 현존하는 신에 대한 부정이냐 아니냐의 문제이다. 유대인 사회에서는 스피노자는 유대교에서 믿는 신이 아닌 다른 신을 믿는다고 보았다. 유대교에서의 신은 자연을 초월해 있다. 그리고 이 신은 인격적이다. 스피노자는 자연을 초월한 인격적인 신은 분명 부정했다. 그럼에도 스피노자는 신을 완전하고 초월적이며, 무한하고 전지전능한 존재로 봤다. 이런 측면에서는 유대교나 그리스도교에서 주장하는 신과 같기 때문에 어떤 이유에서도 무신론자라 할 수 없다.

> "그러나 기독교도들은, 철학자이건 아니건 간에, 신의 초월성을 인정하며 신을 자연과 동일시하지 않는다는 점은 여전히 사실로 남게 된다. 그리고 신을 이러한 방식으로, 즉 철학자이건 아니건 간에 모든 기독교들이 이해하는 방식으로 이해한다면 스피노자는 이러한 신의 현존을 부정하였다는 점에서 무신론자라고 할 수 있을 것이다."
> •『합리론』, 420쪽

신의 현존을 부정한 스피노자를 무신론자로 본 것에 대해서 스피노자 연구자는 불만을 갖는다는 것이 문제이다. 스피노자를 무신론자로 보는 많은 연구자는 스피노자의 철학을 제외한 도덕적인 삶이라든가 다른 부분에 대해서는 존중을 표한다. 히지만 스피노자 연구자들은 이들에게 철학적인 면까지도 존중해 달라는 것이다. 하지만 대부분의 사상가나 철학자는 자신의 관점에서 스피노자를 받아들여 존중하거나 비판하였다.

> "프랑스 계몽주의의 철학자들은 일반적으로, 비록 스피노자를
> 상당한 인물로 평가하고 이전의 철학적 전통에 전혀 얽매이지 않
> 으면서도 상당한 도덕성을 지닌 사상가를 접하게 된 것을 기쁘게
> 생각하기는 하지만, 스피노자의 철학까지는 존중하지는 않는다.
> 그들은 스피노자의 철학을 모호한 궤변 혹은 기하학적, 형이상학
> 적 용어와 정식들의 뒤죽박죽이라고 생각하였다."
>
> •『합리론』, 421쪽

스피노자 연구자는 스피노자의 신관에 대해서 무신론자에서 범
신론에 이르기까지 다양한 견해를 보여 주고 있다. 신과 자연의 동
일에서 시작된 그의 신관이 현대에서는 또 다른 의미로 설명된다.
스피노자는 자연주의적인 사고에서 초월적인 혹은 초자연적인 원
인으로 자연의 법칙을 찾으려 했다. 이러한 과학적 견해에서 그의
사변철학을 찾는다. 이렇게 스피노자의 신관은 다양한 연구자를 낳
았으며 다양한 철학 사조를 탄생시켰다. 이 모든 것은 스피노자의
신을 어떻게 해석하느냐에 달려 있음을 우리는 쉽게 알 수 있다.
　라이프니츠를 평가함에 있어서도 이 신의 문제가 주요 주제이다.
17세기에는 신을 어떻게 표현해도 완전한 표현은 될 수 없었다. 스
피노자가 신과 자연을 동일시시킬 수 있었던 가장 큰 이유도 파문이
라는 하나의 사건이 있었기 때문에 가능했을 것이다. 즉 제도권 안

에서 신을 자유롭게 해석하거나 설명한다는 것은 불가능했던 시절이 바로 17세기이다. 그렇다면 라이프니츠는 어떠했는가?

　라이프니츠는 예정조화설을 통해 신의 왕국에 대해 주장한다. 신의 왕국은 "모든 군주 중에서 가장 완전하고 완벽한 군주가 통치하는 가장 완전한 국가"(《단자론》 85장)다. 신의 왕국을 제외한 나머지 "보편적인 군주국은 자연적 세계에서 자연의 질서를 따르는 도덕적 세계"인 반면 신의 왕국은 "신의 작품 중에서도 가장 고귀하고 신적인 작품"(《단자론》 86장)이다. 그리고 영혼이나 이성적 정신은 하나의 작은 신과 같은 것으로 우주 전체의 질서를 이해하여 신과 함께 공동체를 이루게 된다. 이렇게 하여 이성적 정신은 우주와 자연의 질서를 이해한 다음 신의 왕국을 만든다.

　만약 신이 존재한다면 인간은 어떤 언어로도 신에 대해서 설명할 수 없다. 라이프니츠의 두 번째 신 존재 증명에서처럼 완벽한 신에서 불완전한 피조물이 만들어졌을 뿐이다. 그래서 완전한 것을 가정하고 우리는 그것을 신이라고 한다. 이는 스피노자의 전지전능한 신과도 같다. 하지만 라이프니츠는 네 번째 신 존재 증명과 예정조화설에서 신의 왕국을 얘기한다. 먼저 신의 왕국이 있음을 증명한 다음 일반적인 군주국이 발전하면 신의 왕국이 될 수 있다는 것처럼 설명하고 있다. 라이프니츠의 주장을 조금 과장하면 모든 군주국은 신의 왕국이 될 수 있게 예정되어 있으며 조화롭게 움직이면 신의 왕국이 된다는 뜻과 같다.

　라이프니츠는 철저하게 제도권 안에서 살았고 살기를 원했던 철학자이다. 그런 그도 신에 대한 생각을 정리하고 저술로 남겼다. 심지어 그 내용을 공작에게 편지로 보내기도 하고 왕비와 대화로 나누기도 했다. 바로 여기서 우리는 스피노자와 라이프니츠가 갖는 신관의 차이를 찾아볼 수 있다.

2

|

스피노자 대 라이프니츠

1671년, 젊은 라이프니츠는 스피노자에게 편지를 보낸다. 한 해 전에 익명으로 출판된 『신학정치론』에 대해 관심을 표하고 스피노자에 대해 찬사를 아끼지 않는다. 하지만 잠시뿐, 라이프니츠는 다음 해 프랑스로 간다. 이후 라이프니츠는 학문보다 외교에 더 관심을 갖고 산다. 그리고 5년 후 두 사람은 만난다. 1676년 1월 하노버 궁중 사서로 발령을 받은 라이프니츠는 여전히 파리에 머문다. 10월 하노버 선제후의 독촉을 받고 어쩔 수 없이 하노버로 향한다. 하지만 라이프니츠는 11월 헤이그에 들린다.

라이프니츠의 알 수 없는 이런 행동으로 볼 때 라이프니츠가 스피노자를 만나기를 원했음을 우리는 알 수 있다. 두 사람이 헤이그에서 만날 때, 젊은 스피노자는 이미 자신의 철학을 모두 정리하고 죽음을 기다리고 있었다. 반면 더 젊은 라이프니츠는 법학을 전공하고 외교관, 가정교사, 혹은 후견인으로 생활하면서 철학보다는 수학이나 과학에 더 관심이 많았다. 그리고 궁중 사서로의 귀환이라 여전히 철학에 관해서는 거리가 먼 치기 발랄한 젊은 청년이었다. 죽음을 바라보고 있는 젊지만 늙은 철학자는 젊고 앞날이 창창한 어린 후학에게 해 주고 싶은 얘기가 참 많았을 것이다. 하지만 역사는 그 모든 것을 우리에게 전해 주고 있지 않다. 우리의 두 철학자도 그 모든 것을 남기지 않았다. 참 안타까울 뿐이다.

두 사람은 헤이그에서 네덜란드의 광학에 대해 많은 얘기를 했다고 한다. 이 얘기는 라이프니츠가 주도했을 것이다. 여기서 우리는 라이프니츠의 관심이 철학보다 다른 곳에 있음을 알 수 있다. 그리고 두 사람은 『윤리학』에 대한 얘기도 많이 했다고 한다. 예상컨대 이 얘기는 스피노자가 주도했을 것이다. 라이프니츠는 여전히 철학보다는 다른 학문에 관심이 많았음을 보여 준다.

스피노자는 자신의 철학을 어떻게 하면 후대까지 전할 수 있을까를 고민한다. 당시 모든 사람이 불온하다고 느끼는 자신의 철학을 후대인들이 읽고 결코 불온하지 않았다는 것을 증명해 주길 바라며 출판도 하지 않고 서랍 속에 고이 넣어 두고 있었다. 상상해 보자. 그렇게 서랍 속에 고이 간직하고 있던 원고를 스피노자는 라이프니츠에게 보여 주었을 것이다. 스피노자로서는 가슴 벅찬 일이었고, 라이프니츠는 임금님 귀는 당나귀 귀를 외치고 싶은 심정이었을 것이다. 하지만 그는 외칠 수 없었다. 어쩌면 외치지 않았다.

하노버로 돌아온 라이프니츠는 철학을 하지 않았다. 궁중 사서로서 선제후 가문의 족보를 정리하는 일을 했다. 하지만 결코 하노버 가문이 원하는 결과물은 나오지 않았다. 라이프니츠는 그럼 무엇을 했을까? 하라는 일은 하지 않고 귀족들과 가까이 지내는 일만 했다. 그리고 귀족이 아닌 평민이 오를 수 있는 최고의 지위까지 올랐다. 라이프니츠는 민간 공직의 두 번째 지위인 법률고문관을 거쳐 "그는 또 자기가 부副재무장관으로 승진해야 한다는 소신"을 밝혔는데 그 자리는 하노버 공국에서 "가장 높은 민간 공직"이었다(왜, 550쪽).

이렇게 하여 라이프니츠는 소피 공주와 소피 샤를로테 공주와 친해졌고, 레몽 공작과도 친밀한 관계를 유지할 수 있었다. 그 결과 라이프니츠는 쉽게 『변신론』도 『단자론』도 출판할 수 있었다. 스피노자의 『윤리학』이 받은 수모에 비하면 참 쉽고 간단하게 이루어진 라이프니츠의 철학 연구라 할 수 있다. 뿐만 아니라 라이프니츠는 유럽의 많은 귀족들과 서신을 주고받았다. 오히려 그들은 앞다투어 라이프니츠의 철학을 기다리고 있었다.

철학에는 경험의 세계도 중요하지만 사유의 세계도 만만찮다. 스피노자는 근대에 중요 주제로 떠오른 바로 이 사유의 세계를 득별한 지위까지 올린 철학자다. 하지만 그가 살아 있는 동안에 그에게 붙은 꼬리표는 부정적이었다. 젊고 똑똑한 라이프니츠는 중년의 천재 철학자를 알아보았다. 천재 스피노자도 자신만큼이나 똑똑한 라이프니츠를 알아보았다. 두 사람 사이에 무슨 말이 더 필요했겠는가! 그냥 그렇게 그들은 서로를 알아본 것으로 만족했을 것이다.

두 사람이 만난 몇 달 후 스피노자는 영면에 든다. 라이프니츠는 그때부터 자신의 일에 매진한다. 하지만 모든 결과물은 신통찮았다. 흔히 하는 말로 마음이 콩밭에 가 있었을지도 모른다. 그리고 그 퇴로를 찾았다. 귀족과의 만남. 그리고 그 결과는 무조건 성공적이었다. 귀족들은 자신들이 라이프니츠에게 속은 것을 알았을까?

우리의 두 철학자는 이렇게 서로 역으로 닮아 있다. 스피노자는 살아서 고통을 받았고, 죽어서 행복을 얻었다. 반대로 라이프니츠는 살아서는 행복했지만, 죽어서는 고통을 받았다. 스피노자 철학은 그가 죽음과 동시에 날개를 달았지만, 라이프니츠 철학은 그가 죽음과 동시에 묻히고 말았다. 그리고 라이프니츠가 되살아나는 데는 시간이 필요했다.

> "계몽주의 초창기에 라이프니츠는 온건한 형태로 이성에 대한
> 새로운 신념을 주장한 대변자로서 인기를 얻었다. 많은 사람들의
> 눈에, 특히 그의 『변신론』은 자극적인 과학의 진리와 외견상 유행
> 에 뒤처져 보이는 정통 신앙의 교리들 사이로 행복한 제3의 길을
> 약속하는 것처럼 보였다."
> • 왜, 575쪽

이렇게 우리의 위대한 두 철학자는 다시 살아났다. 그리고 철학사에서는 이들을 데카르트와 함께 대륙의 합리주의자로 이름을 올렸다. 한 사람은 죽어서 다른 사람은 살아서 자신의 길을 찾은 우리의 두 철학자는 가히 천재라는 별칭이 결코 아깝지 않다.

스피노자가 있어 라이프니츠가 있었을까?

라이프니츠가 있어 스피노자가 있었을까?

우리의 두 천재 철학자에게 묻고 싶다. 하지만 분명한 것은 둘의 만남이 있었기에 두 사람이 공생한 것은 아닐까 하고 조심스럽게 결론지어 본다.

참고도서 및 약어

|

『변신론』: 라이프니츠, 고트프리트 빌헬름, 이근세 역, 아카넷, 2014.

『신학정치론/정치학논고』: 스피노자, 베네딕투스 데, 최형익 역, 비르투, 2011.

『스피노자는 왜 라이프니츠를 몰래 만났나』: 스튜어트, 매튜, 석기용 역, 교양인, 2011.

　　　　　　　　　　　　　　　(문장 중 인용 시 약어 사용: 왜)

『에티카』: 스피노자, 베네딕투스 데, 강영계 역, 서광사, 2007.

『에티카를 읽는다』: 내들러, 스티븐, 이혁주 역, 그린비, 2013.

　　　　　　　　　(문장 중 인용 시 약어 사용: 읽다)

『철학 이야기』: 듀랜트, 윌, 임헌영 역, 동서문화사, 2007.

　　　　　　　(문장 중 인용 시 약어 사용: 철학)

『합리론』: 코플스톤, 프레드릭 찰스, 김성호 역, 서광사, 1998.

『형이상학 논고』: 라이프니츠, 고트프리트 빌헬름, 윤선구 역, 아카넷, 2010.

　　　　－《단자론》: 『형이상학 논고』249-298쪽.

　　　　－《자연과 은총의 이성적 원리》: 『형이상학 논고』225-247쪽.

　　　　　　(문장 중 인용 시 약어 사용: 자연)